社会区隔与相对贫困的再生产

董苾茜 ◎ 著

华中科技大学出版社
http://www.hustp.com
中国·武汉

图书在版编目(CIP)数据

社会区隔与相对贫困的再生产/董苾茜著.—武汉：华中科技大学出版社，2022.4
ISBN 978-7-5680-8130-6

Ⅰ.①社… Ⅱ.①董… Ⅲ.①贫困问题-研究-中国 Ⅳ.①F126

中国版本图书馆 CIP 数据核字(2022)第 056742 号

社会区隔与相对贫困的再生产 董苾茜 著
Shehui Quge yu Xiangdui Pinkun de Zaishengchan

策划编辑：曾 光
责任编辑：曾 婷
封面设计：孢 子
责任校对：王亚钦
责任监印：徐 露
出版发行：华中科技大学出版社(中国·武汉) 电话：(027)81321913
武汉市东湖新技术开发区华工科技园 邮编：430223
录 排：武汉创易图文工作室
印 刷：武汉市洪林印务有限公司
开 本：710 mm×1000 mm 1/16
印 张：10
字 数：185 千字
版 次：2022 年 4 月第 1 版第 1 次印刷
定 价：58.00 元

摘　　要

作为世界性的难题，贫困问题受到广泛关注。贫困成因及治理引发了学术界的讨论并推动着贫困治理实践的反思与深化。作为世界上最大的发展中国家，随着特色社会主义市场经济的完善以及政府扶贫开发工作的推进，我国取得了举世瞩目的减贫成果。有关数据显示，在现行贫困标准下，中国农村贫困人口数量从2012年到2018年累计减少8239万，贫困发生率累计降低8.5%；2020年年底所有的贫困村全部脱贫摘帽。然而，由于贫困的相对性和动态性，只要社会不平等依然存在，贫困的客观性就将伴随社会不平等的长期存在而不断被反复生产和再生产。

对贫困的再生产机制的揭示存在“低均衡水平论”、“平层压力论”与“社会排斥论”。低均衡水平论的逻辑为：最初匮乏资本或其他要素的贫困者由于缺乏改善自身困境的条件，因而陷入贫困的恶性循环中。在该解释的逻辑下，通过物质资源或资金形式的补助便能中断贫困者不能自由选择的循环链条。而现实是相关福利政策不一定能帮助贫困者有效脱贫，甚至可能会带来再次返贫的“意外后果”。平层压力论假定共同体内部享有同样的价值观与行为准则。共同体会通过施加平层压力，使被压制的成员和共同体中的其他成员留在相同或相似的位置，从而直接抑制或破坏个人流动及向上的努力。该观点适合用来解释传统或特殊的部落、族群以及其成员的持续性贫困，而对于现代社会中更为普遍的群体、个体的贫困的再生产则缺乏解释力。社会排斥论认为来自外部社会世界的排斥导致了贫困者某些社会权利的丧失以及形塑了贫困者的负面心理，而负面心理又会指引贫困者行动，使其陷入贫困的循环。其盲点在于简化了社会行动者之间的关系，即只注意到其他层次群体对贫困群体施加的作用，认为贫困者只能处于被动调试的状态。贫困者是否会主动参与对其他群体的关系建构，关系建构的动机与后果是否会影响其自身的贫困状态，成为探索贫困的再生产机制的重要的突破点。

本书以“社会区隔—自我区隔—贫困的再生产”为分析框架：日常生活风格的呈现是探讨相对贫困群体与其他群体关系的逻辑起点。日常生活风格具体涉及居住模式和空间配置、饮食习惯及形象外表管理、文化投入等方面。日常生活风格分化会建构并强化相对贫困群体与其他群体的边界，社会区隔与自我区隔在此过程中产生。在一个具体的村庄中体现为相对贫困群体与其他群体日常交往的区隔、仪式人情中的区隔以及村庄政治参与的区隔。

居住模式及空间配置、饮食消费与身体(形象)管理、文化投入等方面都体现着相对贫困群体与其他群体在日常生活风格上的分化。具体而言，相对贫困群体与其他群体在居住模式及空间配置上存在着村庄空间住宅区位、私人空间、生活效率与品味追求的分化；在饮食消费与身体(形象)管理方面存在着必然品味与自由品味、装束与身体日常护理上的分化；在文化投入方面存在着闲暇时间支配方式、对媒介的应用方式以及对子女的教育理念与方式上的分化。

日常生活实践形式不仅构成了社会分化，也成为社会分化的表达渠道和强化机制，强化着相对贫困群体与其他群体的边界。居住空间、闲暇时间安排与交往消费内容的分化共塑了相对贫困群体与其他群体日常交往的区隔；村庄中富人主导的仪式人情规则构成了人情排斥以及对相对贫困群体的双重区隔；积极参与村庄政治的富人和相对贫困者的抗争与冷漠共同作用下形成了村庄政治参与的区隔。

进一步深入本土挖掘区隔过程中相对贫困群体的生存发展状态与心理嬗变发现，相对贫困人口的公共价值正在区隔中遭到解构，失去社会价值的相对贫困人口逐渐退出村庄竞争，进而丧失了内生发展动力；由此，相对贫困人口社会交往的动机进一步减弱，而这又将导致其人情圈不断萎缩；无法向社会网络借力的相对贫困人口正逐步失去发展的机会；相对贫困者习性的延续性和传递性促发了个体贫困的延续以及家庭贫困的代际传递，如此弱势的积累导致了相对贫困的再生产。

关键词：相对贫困；再生产；社会区隔；分化；生活风格

目　　录

第一章 导 论

第一节 研究背景及问题提出

贫困问题贯穿于人类社会发展的全过程，作为人类共同面临的严峻挑战，一方面，它是对人的尊严和体面生活权利的剥夺，对社会公正的亵渎；另一方面，贫困的外部性使之成为引发诸多社会、环境和安全问题的重要根源。正因为如此，贫困问题成为各国政府和国际社会极为关注的社会议题。

改革开放以来，我国的反贫困实践成果举世瞩目。从1978年到1985年，农村家庭联产承包责任制从试点推广到普遍推行，在农村市场化制度改革、农产品价格“剪刀差”的改变下，农民拥有了使用和管理土地的权利，多年蕴藏在农村的生产力得到了集中释放。据统计，1984年年底，我国农业生产总值达到3212亿元，与1978年相比提高了1.2倍；农民人均纯收入增长了2.97倍；[①]农村绝对贫困人口从2.5亿下降到1.25亿左右，年均减少1786万人，贫困发生率由30.7%下降到14.8%。[②]“吃得饱”的问题在一定程度上得到解决，在“吃得好”方面却没有足够选择的余地。1986年到1994年，在这一阶段，因城市改革的推进、国内工业企业承包制的实施，农民收入增长的势头受到了城市经济和工业企业快速增长的冲击，农村经济增长对减贫的带动效应减弱。城乡收入差距进一步拉大，贫困问题从此前的普遍性模式向分层、分块演化，区域间发展不均衡的问题加重。在此背景下，我国的扶贫开发政策经历了大幅度调整，国务院贫困地区经济开发领导小组的成立，扶贫对象和重点贫困县的确立及相关

① 中共江苏省委党史工作办公室，江苏省中共党史学会：《总结经验 继往开来——纪念中国共产党成立90周年理论研讨会论文集》，北京：中共党史出版社，2011年第367页。

② 黄承伟：《中国扶贫开发道路研究：评述与展望》，《中国农业大学学报(社会科学版)》2016年第5期，第7页。

政策的出台，使我国农村贫困人口由 1.25 亿人减少到 8000 万人。[①] 1995 年至 2000 年，在国家一系列刺激和拉动社会投资的政策下，大规模连片区域的贫困现象得到了一定程度的缓解。《2000 年中国人权事业的进展》白皮书指出，2000 年年底中国农村贫困人口的温饱问题已基本得到解决，这标志着在绝对贫困和相对贫困的二元结构中，相对贫困人口已占据了中国贫困人口的主体地位。[②] 而由于区域间差距不断拉大，贫困由区域连片式分布向散点式分布转变。在这一背景下，我国建立了区域间的扶贫机制，即东部地区与西部贫困省份的东西协作帮扶扶贫模式，并将特殊困难贫困人口纳入扶贫重点。从 2001 年到 2012 年，在我国以出口导向经济为主要特点的经济发展模式下，农民工群体迅速壮大，与此同时，农村的农业劳动者、乡镇企业工人、雇工群体等开始萎缩，农村各阶层的社会经济地位发生了一定的变化，农业劳动者的社会经济地位进一步下降，私营企业主、个体工商户阶层的地位上升。在此阶段，大面积的普遍性贫困问题已经解决，而随着贫富差距的拉大，部分地区的贫困程度不断加深，同时，贫困的特征也从收入性单维度贫困转向多维度贫困，贫困人口对健康、教育和社会福利等方面需求日益显现。从 2013 年始，我国农村社会发展水平继续稳步提高，2015 年我国开启了脱贫攻坚的历史阶段，2016 年，中国农村综合发展指数达到了 0.677，与 2015 年相比提高了 0.028。生活水平维度对总指数的增长贡献最大，达到 39.3%。[③]《中国农村发展报告(2018)》指出，我国农民收入来源趋于多元化，增收进入“多轮驱动”时期，[④]在此阶段，绝对贫困人口的数量进一步减少。直到 2020 年，绝对贫困彻底消除，脱贫攻坚战取得了决定性的胜利，我国也迎来了全面建成小康社会的历史性时刻。一方面是绝对贫困得以消除，而另一方面，由于农民之间分化过大，产生了社会分层和农民相对贫困等问题。

我国已经进入“后脱贫时代”，这标志着“我国开始从摆脱以生存为核心的绝对贫困，转向缓解相对贫困实现共同富裕的新的历程”。[⑤] 2020 年以后，我国

---

① 张琦，冯丹萌：《我国减贫实践探索及其理论创新：1978～2016 年》，《改革》2016 年第 4 期，第 29 页。

② 邢成举，赵晓峰：《论中国农村贫困的转型及其对精准扶贫的挑战》，《学习与实践》2016 年第 7 期，第 117 页。

③ 光明网：《〈中国农村发展报告(2018)〉发布》，http://difang.gmw.cn/bj/2018-07/25/content_30081600.htm，2018 年 7 月 25 日。

④ 光明网：《〈中国农村发展报告(2018)〉发布》，http://difang.gmw.cn/bj/2018-07/25/content_30081600.htm，2018 年 7 月 25 日。

⑤ 罗必良：《相对贫困治理：性质、策略与长效机制》，《求索》2020 年第 6 期，第 19 页。

贫困治理的对象将由绝对贫困转向相对贫困。农村相对贫困的治理的价值体现在三个方面。其一,相对贫困治理是巩固拓展脱贫攻坚成果,防止返贫的必然要求。尽管我国已消除绝对贫困,但这并不意味着永久地解决了绝对贫困问题,还有部分困难群众有返贫的可能,还存在着生计脆弱、内生动力匮乏等因素而带来的返贫、致贫的风险。对相对贫困的持续关注、找寻其发生根源并提出治理方案可预防贫困的再生产,巩固和扩大绝对贫困治理取得的阶段性脱贫成效。其二,相对贫困的治理是破解"三农"问题,实现乡村全面振兴的必然要求。尽管绝对贫困治理有效改善了农民的整体生活水平,但是离乡村振兴的要求还有一定的距离,农村相对贫困的治理目标就是减少贫困人口,使所有的农民共享改革发展成果,满足农民日益增长的美好生活的需要。其三,相对贫困的治理是化解农村主要矛盾,满足农民美好生活需要的必然要求。中国特色社会主义进入新时代,农村社会的主要矛盾也发生了很大的变化,对于农村困难群众而言,已由解决生存上的绝对贫困问题过渡到了解决发展上的相对贫困问题的阶段。解决农民的相对贫困问题,一方面设计解决农民日益增长的美好生活需要问题,另一方面也涉及解决农村的发展不平衡不充分问题。按照党中央的部署,下一步的工作重点是,"扶贫工作重心转向解决相对贫困,扶贫工作方式由集中作战调整为常态推进……建立解决相对贫困的长效机制,推动减贫战略和工作体系平稳转型……制定脱贫攻坚与实施乡村振兴战略有机衔接的意见"[①]。因此,认识相对贫困的发生机制成为解决农村相对贫困问题的紧迫工作。

既有的贫困/相对贫困研究主要聚焦三个主题:一是贫困元问题研究,也就是探索贫困是什么;二是贫困发生学研究,探讨贫困如何产生;三是贫困治理研究,也就是探索如何缓解或治理贫困。本研究聚焦贫困的发生学研究,探讨相对贫困的发生机制。

一部分经济学者对贫困的再生产机制的解释遵循"低均衡水平"的逻辑。低均衡水平最初由经济学者纳尔逊提出,用以解释低收入国家中人口增长对人均国民收入的影响。该逻辑被广泛运用于对贫困的再生产的推理中:最初匮乏资本或其他要素的贫困者由于缺乏改善自身困境的条件,因而陷入贫困的恶性循环中。如有学者认为,由于人力资本存在投资门槛,初始资本较低的贫困者无法对自身进行投资从而只能留在传统部门,其收入也停留在传统部门的较低水平,而这又再次限制了贫困者对自身进行投资。还有学者聚焦于信贷市场中的不同层次群体的行为,指出贫困者由于资本的匮乏而难以申请抵押担保资产

① 新华社:《中共中央 国务院关于抓好"三农"领域重点工作确保如期实现全面小康的意见》,《农村工作通讯》2020 年第 4 期,第 6 页。

贷款因而只能维持原本的投资少、收益少的生产，从而落入持续性贫困的境地。在低均衡水平的解释逻辑下，通过物质资源或资金的补助便能中断贫困者不能自由选择的循环链条。而现实是，简单直接的“缺啥给啥”的福利政策对于帮助贫困者脱贫并不总是有效，甚至会带来再次返贫的“意外后果”。也有学者从共同体内部文化切入对贫困的再生产机制进行阐释，如有学者提出“平层压力”，假定共同体内部享有同样的价值观与行为准则。共同体会通过施加平层压力，使被压制的成员和共同体中的其他成员留在相同或相似的位置，从而直接抑制了或破坏个人流动及向上的努力。该观点适合用来解释传统或特殊的部落、族群以及其成员的持续性贫困，而对于现代社会中更为普遍的群体、个体的贫困的再生产则缺乏解释力。也有学者从社会排斥切入，认为来自外部社会世界的排斥构成了贫困者某些社会权利的丧失以及形塑了贫困者的负面心理，而负面心态又会指引贫困者的行动，由此陷入贫困的循环。低水平均衡论只注意到结构层面的因素，平层压力聚焦于文化层面的因素，社会排斥论的贡献在于同时考虑到了结构与文化的因素，它是从外部社会世界与贫困群体/者的互动的角度来考察贫困的再生产问题的。不过该观点的盲点在于简化了社会行动者之间的关系，即只注意到其他层次群体对贫困群体施加的作用，认为贫困者只能被动调试被排斥的状态。贫困者是否也会主动参与这种关系建构并影响自身的贫困状态？该观点尚未涉及，而笔者认为这可能是探索贫困的再生产机制的一个重要的突破点。

笔者认为，相对贫困的再生产的机制应从贫困者所处的社会结构以及贫困者个体或群体间的具体互动来考察。具体而言，本研究尝试回答如下问题：首先，农村社会结构的变动塑造下的处于不同空间位置的群体，其生活风格的呈现及其分化图景；其次，不同生活风格主导下的群体及个人是如何进行关系建构并塑造出区隔的；最后，社会区隔如何作用于群体及个人的发展轨迹，进一步揭示相对贫困的再生产机制。

第二节　文献述评

一、关于贫困发生学的理论梳理

从贫困的学术发展史来看，早期对贫困生成机制的解释主要为个人学派与家庭学派。如许多学者从个体主义范式出发，将贫困指向个人行为、人力资本等。这些理论具有不同程度的社会达尔文主义倾向，将贫困者视为社会中的弱者，其之所以弱，在于匮乏内生发展动力、能力、素质等。在对个人及家庭因素解释局限的开辟中，自20世纪60年代始，更为系统的贫困解释取向应运而生，如一种类型的解释取向将贫困归因于既有的社会、政治和经济结构，认为贫困是“经济力”和“社会力”共同作用下的产物。另一类解释取向则将贫困归因于固有文化对结构变化的阻碍。

（一）贫困成因研究的结构取向视角

社会因素衍生的贫困主要是指受相关制度、政策等影响，资源在不同区域、不同阶层或群体、不同个人之间的权力不平等和分配不公平，从而造成这些区域、阶层、人群和个人的贫困。

1. 社会制度贫困论

最早把穷人贫困的成因与社会经济制度联系起来的是空想社会主义者。在研究资本主义制度下的贫困现象中，空想社会主义者把贫困的成因归结于资本主义制度，特别是资本主义私有制，认为私有制是导致贫富两极分化、农民和雇佣劳动者被剥夺的根源。空想社会主义的创立者托马斯·莫尔（St. Thomas More）将现实世界的苦难根源归因于私有制和商品经济，“如果每个人有他自己的财产，幸福是不能达到的。当每个人可以假借法律去拼命捞钱，而不管一个国家有多大的财富，所有的财富总是落在少数人手里，为他们所瓜分，而其余的人只能变得贫困不堪”[①]。现实世界的苦难根源为私有制与商品经济，与之相对应的，理想世界应是一个消灭了私有制与商品经济的社会，“一旦金钱废除，也就渐渐没有了贫穷”[②]。英国空想社会主义代表罗伯特·欧文（Robert Owen）作为资本主义市场经济逻辑的最激进的批判者之一，指出私有制、宗教、婚姻制度是现存社会“三位一体的祸害”，罗伯特·欧文认为“目前私有财产是贫困的唯一根源，由于贫困而在全世界引起各种无法计算的罪行和灾难。它在原则上是那样不合乎正义，如同它在世界上不合乎理性一般”[③]。无论是莫尔笔下的乌托邦，还是欧文试验并主张的公有制生产、消费合作社，都将废除私有制，建立没有贫困、没有贫富两极分化的公有制社会作为对未来社会的构想。马克思、恩格斯批判地继承了空想社会主义的合理部分，发展出了科学社会主义理论。其中，马克思的剩余价值理论揭露了资本主义生产剥削的本质，在资本主义社会形态中，阶级贫困以及国家贫困生成的根本原因在于资本主义的政治经济制

---

① [英]托马斯·莫尔：《乌托邦》，戴镏龄译，北京：商务印书馆，1996年版，第55页。

② [英]托马斯·莫尔：《乌托邦》，戴镏龄译，北京：商务印书馆，1996年版，第125页。

③ [英]罗伯特·欧文：《欧文选集：第一卷》，柯象峰，何光来，秦果显译，北京：商务印书馆，1979年版，第13页。

度。一方面,生产资料私有制从经济关系上确定了工人阶级的贫困地位。私有财产制将从工人那里榨取的剩余价值以法律制度的形式固定下来,使社会财富向资本家流动的同时,工人愈趋贫困化。另一方面,资本主义自由选举制度从政治上确定了工人阶级的贫困命运。资本主义的自由选举制度归根结底是一种"有钱人的游戏",现代资本主义国家为参加竞选而需要支付的额外费用把贫困的工人阶级排除在外。

2. 社会政策贫困论

英国的"圈地运动"带来了百万无家可归的贫困者,美国的"种族歧视政策"造成有色人种的穷困潦倒,中国"剪刀差"下产生了农民的困窘,当政策的颁布与实施带来越来越多的贫困后果,学者们开始将矛盾聚焦于政策,认为制定政策本身、政策的失误或不当的政策导向,都将引起不平等进而导致贫困。[①] 持社会政策引发贫困问题的学者围绕着社会剥夺、社会排斥等解释路径对贫困问题进行归因。持社会剥夺理论的汤森(Townsend)在其《贫困国际分析》一书中对社会剥夺概念进行了以下阐释:"社会上一般认定,或在风俗习惯上认定应该享有的食物、基本设施、服务与活动的缺乏与不足。人们常常因社会剥夺而未能享受作为一个社会成员应该享有的生活条件。他们之所以贫困,是因为他们缺乏或不能享有这些生活条件,甚至因此丧失成为社会成员的身份。"[②]本文在此处讨论的社会剥夺主要在物质层面,文化层面的社会剥夺将在贫困的文化解释中提出讨论。社会排斥理论可以说是从社会剥夺概念中进一步发展出来的,如博查特(Burchardt)等学者指出:"个人生活、居住在一个社会当中却没有以这个社会的公民身份参与正常活动的状态,即为社会排斥;社会成员在消费、生产、政治、社会互动上的参与不足、不参与都可能被认为是社会排斥的存在。"[③]在贫困的结构解释的语境中,社会排斥通常被学者用来指某些社会群体由于社会政策等制度化原因而被推至社会结构的边缘地位的机制和过程。[④] 由社会政策导向的贫困可能存在两种理解方式,其一,制造或维系不平等来源于某种直接的政治意图;其二,政策失灵,即政策未能有效发挥或出现效果偏差。一方面,有

---

① 周怡:《贫困研究:结构解释与文化解释的对垒》,《社会学研究》2002 年第 3 期,第 50 页。

② Townsend P.: Poverty in the United Kingdom: A Survey of Household Resources and Standards of Living. California:University of California Press,1979:915.

③ Burchardt T., Le Grand J., Piachaud D.: Social Exclusion in Britain 1991-1995, Social Policy and Administration,1999(33).

④ 周林刚:《论社会排斥》,《社会》2004 年第 3 期,第 60 页。

学者指出由于福利政策的存在，导致了各种形式的福利投机和依赖；而另一方面，有学者认为，在地方国家和经济干预加剧的情形下不但不能消除贫困，相反会加剧农村贫困现象。[①]

以上非预期结果揭示了纯粹靠经济发展、援助下的扶贫济困的效果其实并不理想。当结构解释所对应的反贫困政策开始出现效果偏差，政界和学者们进入了对发展过程中出现的贫困现象的反思，正如威廉·奥格本(W. F. Ogburn)的“文化堕距”观提出的：由相互依赖的各部分所组成的文化在发生变迁时，各部分变迁的速度是不一致的，有的部分变化快有的部分变化慢，如此便会造成各部分之间的不平衡、差距、错位。而一般说来，“物质文化”先于“非物质文化”变迁，而就非物质文化的变迁来看，它的各个构成部分的变化速度也不一致，往往总是制度首先变迁，其次是风俗、民德，最后才是价值观念。[②] 存在这样的可能，文化堕距形成了一种阻力，阻碍着结构的变迁。而作为阻力的贫困问题很可能与固有的文化阻碍结构变化相关。这也成为贫困的文化取向解释的出发点。

(二)贫困成因研究的文化取向视角

1. 贫困者自身形成的贫困文化

艾利森·戴维斯(Ellison Davis)于1946年提出贫困文化的观点，在其《社会下层工人动机之研究》中，他假定存在一种迥然不同的“贫民区文化”，按照其观点，“毫无生活目标”、“懈怠”、“得过且过”等是贫民生活中普遍客观的真实写照，“贫民区的每个人往往适应于一个不同于培养造就中产阶段的物质、经济与

---

① 按照潘泽泉的观点，自从财政实行中央地方“分灶吃饭”之后，地方在完成上缴的财政指标之后，可以保留财政盈余。地方财政独立后，中央政府减少对地方财政的投入，地方政府也要负起地方的开支，对于那些缺乏乡镇企业的地方政府来说，财政往往出现困难。贫困地区集体财政的拮据产生恶性循环，一方面意味着地方政府无法为村民提供必要的社会福利以及承担公益事业(包括教育、医疗、卫生保健等)，只能扮演收税/费、罚款的角色。另一方面，集体财政的困难也导致了地方政府与村民的紧张关系，因为财政困难的地方政府的一切开支收入，由于没有任何的途径，只好巧立税费名目，将之转嫁到农户身上，这使经济贫困地区农民的生活雪上加霜。参见：潘泽泉，许新：《贫困的社会建构、再生产及应对：中国农村发展30年》，《学术研究》2009年11期，第46页。

② [美]威廉·费尔丁·奥格本：《社会变迁——关于文化和先天的本质》，王晓毅，陈育国译，杭州：浙江人民出版社，1989年版，第106-107页。

文化的现实，贫民区的每个人的习惯和价值也必然与后者大相径庭。”[①]至20世纪60年代初，奥斯卡·刘易斯(Oscar Lewis)的《贫困文化:墨西哥五个家庭实录》、爱德华·班菲尔德(Edward C. Banfield)的《一个落后社会的伦理基础》、哈林顿(Michael Harrington)的《另类美国》等学者通过收集不同的社会的经验资料，共同聚焦于贫困者的主体性概念架构。奥斯卡·刘易斯用贫困文化诠释贫困者致贫的一套规范和价值观，他在对墨西哥的贫民窟居民进行一系列研究后发现，生活在底层的穷人之所以无法获得成功，是因为形成了一套与贫困者社会地位相适应的价值观念、生活态度和行为方式。“贫困文化一旦产生，就有一种生生不息、难以消灭的态势。在贫民区当中，孩子们到了六七岁的时候，就已经被他们的亚文化所濡染，并接受了其中的基本价值观和态度。此后，即使条件发生了变化，出现了机会，可由于心理上的原因，他们甚至终其一生都很难再利用新出现的条件和机会来改善自己的境遇。”这里透露出奥斯卡·刘易斯的贫困文化论的宿命论色彩。

我国学者对贫困文化的研究最初基于经验层次上的探寻，意在从中国的传统文化、农耕文化等揭示贫困的自我复制性。如早期李强在《贫困文化之研究》中从贫困的知识和贫困的价值观两个方面探讨了贫困成因的文化因素。在本土语境中的贫困的价值观念主要体现在“安土重迁、眷恋故土的守土观念以及与此相联系的安贫守贱、安于现状的守常观；懒惰的人生态度与依赖观以及落后的消费观”[②]。持价值观贫困的学者还有贾俊民，在前人的研究基础上他将贫困的价值观梳理为：“听天由命、消极无为的人生观；安于现状、好逸恶劳的幸福观；小农本位、重农轻商的经济观等六大特征”[③]。学者赵秋成、倪虹、张国卿、荀建立、王培暄、王兆萍等也都探讨了植根于传统小农经济和封建色彩的心理机制和价值观念，认为贫困人口经历了从自卑到自贱再到自足的心理变动过程。

2. 文化排斥

在论及结构取向的贫困解释时，社会排斥概念已被提出探讨，而在此处，笔者将立足于文化层面的社会排斥，两者不能混为一谈。文化层面的社会排斥较鲜明地体现于种族中心主义或文化中心主义，以自己或本民族的文化为标准或中心，来衡量其他人群或民族。同一民族中不同文化观念的群体也会排斥异于自己的群体。如美国自由派领袖亨廷顿(Samuel P. Huntington)所持的观点，

---

① [美]博希尔，宫琪，段丽萍:《贫穷的文化》,《现代外国哲学社会科学文摘》1995年第4期，第28页。

② 李强:《贫困文化之研究》,《天津社会科学》1989年第1期，第74-75页。

③ 贾俊民:《贫困文化:贫困的贫困》,《社会科学论坛》1999年第Z1期，第68-69页。

“美国黑人遭遇的社会经济崩溃，是白人精心策划、种族歧视及其病态心理状态的结果”。排斥会以不同的形式对人群做出自然的抑或人为的类别区分，以造成富人、穷人，阶层、阶级之间的区别。文化排斥更多的偏向于一种认同排斥，即人们内在的、自我的选择，多受文化因素的支配，类似一种语境或支持背景，内在地支撑着那些属于外显的排斥。将“社会排斥”引入贫困问题的研究在国内学界也非常流行，社会排斥研究通常注意到了贫困者的社会边缘地位，强调贫困者在社会交往、情感中不被认可、不受重视的状态。如曾群、魏雁滨指出，社会排斥对于贫困的研究意义在于注重考察多层次的不利条件如何使社会的边缘群体陷入缺乏维持最低标准生活的能力，从而被排斥出主流社会；文化排斥因“失去根据社会认可的和占主导地位的行为、生活发展方向以及价值观模式而生活的可能性”①。也有学者将排斥概念来指称普遍流行的文化和社会舆论所倡导、宣扬的价值观念与部分群体生活状态之间的差距由此带来的相对剥夺体验。②

对于文化致贫的观点，我们可以做如下梳理：贫困者对贫困的生活适应方式可以诠释为一种贫困文化。大多数贫困文化论调都支持这样一种观点，即贫困文化一旦存在便很难消除，且会导致贫困的再生产。一方面贫困者容易陷入更深层次的贫困，另一方面因代际传递长期存在——儿童吸收亚文化群中的基本价值观，这些价值观便成了他们个性和特征的永久组成部分，因而形成贫困的代际传递。

二、关于贫困的再生产的研究梳理

(一)基于制度、市场因素的解释机制

盖勒(Galor)认为，制度失灵和市场失灵是构成持续性贫困以及贫困陷阱

① 曾群，魏雁滨：《失业与社会排斥：一个分析框架》，《社会学研究》2004 年第 3 期。

② 文化排斥的研究对象非常广泛，主要集中在社会边缘群体中，如韩庆龄在“老实人”光棍群体形成分析机制中，将村庄舆论对该群体的观念重塑和负面评价视为一种笼罩性的弥散结构力量，使“老实人”群体难以克服自卑来实现超越，参见：韩庆龄，《结构边缘与文化排斥：农村“老实人”光棍的社会形成机制》，《青年研究》2018 年第 3 期。银平均则分析了“臭名”标签对农村人口的排斥，参见：银平均：《社会排斥视角下的中国农村贫困》，《思想战线》2007 年第 1 期。文化排斥也应用于解释移民适应问题，如李煜通过对上海居民对移民的态度进行了数据分析，结果表明基于土客文化认同和差异而导致的排斥稳定而强烈，从而导致部分移民产生“受挫怨恨”心理，参见：李煜：《利益威胁、文化排斥与受挫怨恨——新“土客”关系下的移民排斥》，《学海》2017 年第 2 期。

的主要原因，因为它们将阻碍贫困者采纳利于其跳出陷阱的选择，贫困的自我强化机制就在这种持续性贫困中衍生。其中制度失灵表现在政治体制、社会规范以及群体习俗等方面，市场失灵表现在收入分配的缺陷、信息不完备以及次佳的市场结构等方面。贫困的再生产可能直接来源于制度的失灵，亦可能来源于制度失灵与市场失灵的相互作用下的长久的无效率状态。[①]

在体制、制度、政策作用的解释框架下，有学者提出政府资源配置会导致贫困的再生产，认为由于扶贫资源在分配中出现了偏向精英利益的趋势，因而拉开了贫困者与富裕者之间的差距，长此以往会使贫困者形成认输心理，间接地引发家庭及个体发展的挫败感，从而构成贫困文化，使得贫者更贫。[②] 也有学者指出政策调整的政治性建构会再生产贫困，如中国的土地制度，以及诸项农业政策的调整使得农民即使一时间摆脱贫困也可能再次陷入贫困。[③] 还有学者认为体制外贫困所带来的权利贫困作为一种典型的结构性规定，很可能转化为内在的文化规定，从而生产出一种群体性的贫困亚文化，当贫困群体对自身底层社会角色从被动适应到主动认同时，就将丧失改善自身社会位置的动力，外力介入的各种反贫困措施很可能将遭到贫困亚文化的解构。[④] 带有“社会排斥”性质的体制、制度和政策使得贫困再生产，而过度干预的政策同样会走向贫困再生产的结果。有学者就认为，贫困再生产是制度操作过程中出现的“意外效果”[⑤]，有学者进一步指出城市社会保障补差制和低保捆绑式救助会构成对贫困者的负向激励，由此陷入低水平生活的贫困循环陷阱。[⑥]

在市场作用的框架下，有学者认为制约脱贫的因素呈现出刚性的特点，即在机会、资本、利润的场域中，一些群体由于占有资源、资本、技术、关系、信息和权力等优势而优先获益。当不同群体凭借其特有的资源在市场中相互

---

① Galor O, Zeira J: Income Distribution and Macroeconomics, Review of Economic Studies, 1993(60): 35-52.

② 邢成举：《乡村扶贫资源分配中的精英俘获——制度、权力与社会结构的视角》，中国农业大学博士学位论文，2014 年。

③ 潘泽泉，许新：《贫困的社会建构、再生产及应对：中国农村发展 30 年》，《学术研究》2009 年第 11 期。

④ 徐琴：《城市体制外贫困社群的生产与再生产》，《江海学刊》2006 年第 5 期。

⑤ 热孜完・艾力：《贫困的再生产：城镇低保制度的救助效果研究——以上海市三林镇为例》，华东理工大学硕士学位论文，2015 年。

⑥ 参见：郭跃：《试从公平与效率角度探讨“贫困陷阱”问题及其对策分析》，《法制与社会》2007 年第 11 期；王喆：《城市低保中的贫困陷阱成因及解决》，《法治与社会》2011 年第 24 期。

竞争时，在强弱的结构关系中，强者垄断了机会和利益。[①] 由于市场信息不够完善，受教育或培训水平较低的、社会网络薄弱的贫困者难以获取完备的信息，因而提升了贫困者的求职、转型的策略成本；还有因公共产品供给不足以及产权制度缺失，贫困个体实施高回报活动。戴维·S.兰德斯(David S. Landes)提出要素短缺论，在资金要素短缺与土地要素短缺的情况下，贫困者所能投入的生产要素主要是劳动力，因而只能通过不断增加劳动投入来扩大或维持土地产出和物质生产，而贫困地区的贫困者通常只能以延长劳动时间或增加劳动人口的方式增加劳动投入，由此陷入生产要素流程的恶性循环。[②] 一些学者也从信贷约束与金融风险的视角论述了贫困的再生产机制，这种观点的出发点为低收入者常常缺乏抵押担保物，由于受信贷规则的约束，无法贷到足够的金额，因而致富也显得遥遥无期。对于低收入者而言，信贷限制了他们获得更高收入，这也就导致了经济学中的低均衡水平贫困陷阱：收入决定财富，低财富水平限制抵押担保程度，而低担保又使得其无法参与高收入活动。如班纳吉(Abhijit Banerjee)与纽曼(Newman)认为信贷市场的限制影响了贫富的两极分化，具体演化逻辑为：社会中的个体会根据其最初的财富选择不同风险程度的工作；是投资无风险的资产，还是选择有风险的自雇经营抑或是企业。虽然拥有较少财富的个体可以通过借贷选择后两类事业，但是信贷市场的规定如担保抵押资产多的人可以以低成本贷到资金，而拥有抵押担保资产少的人想要贷到和前者同样的资金则需要更高的成本。在此现实下，最初的资产拥有量将决定其从事的类别与收入，由此最初拥有资产少的家庭将落入持续性贫困的境地。[③]

(二)基于家族/家庭共同体的解释机制

该视野是从家族/家庭共同体出发，核心观点为：第一，在家族/家庭内部，由于贫困个体所处的家族/家庭共同体无法为其提供求学、求职、生产或生活等方面的帮助，或其家族/家庭的负面状态波及、传递给个体，因而致使贫困的家庭以及家庭成员持续陷入贫困当中，这一点在学界中得到广泛研究。第二，同

---

① 李小云：《贫困人口陷入"结构性贫困陷阱"了吗》，《农民日报》2015年5月27日，第3版。

② [美]戴维·S.兰德斯：《国富国穷》，门洪华等译，北京：新华出版社，2010年版。

③ Banerjee A V, Newman A. F.: Occupational Choice and the Process of Development, Journal of Political Economy, 1993(2): 274-298.

样是在家族/家庭内部，会出现一种“平层压力”[①]，即因共同的逆境而凝聚起来的团结感抑制了个人寻求外在机会的动机。第三，在家族/家庭外部的社会世界，由于关系对社会规则的“破坏性”而遭致社会偏见，一些社会偏见下采取的行动将致使本就弱势的群体陷入更深层次的弱势状态，有学者称其为“共同体团结的代价”[②]。

在家族/家庭内部，由于贫困个体所处的家族/家庭共同体无法为其提供求学、求职、生产或生活等方面的帮助，或其家族/家庭的负面状态波及、传递给个体，因而致使贫困的家庭以及家庭成员持续陷入贫困当中，该观点在学界得到了充分的讨论。在对贫困的代际传递的研究中，又存在不同的解释取向，结构的抑或文化的。作为贫困的代际传递的客观力量，结构的因素主要体现在：经济基础、社会政策、二元劳动力市场等方面。文化的解释取向以奥斯卡·刘易斯为代表的学者强调贫困文化的传递，即指脱离社会主流文化的寓于贫困群体中的一套独特的行为规范和价值体系，这些会通过圈内交往的方式被强化和制度化从而对亲人和子代产生影响。[③] 在具体的传递机制分析上，伯恩斯坦(Bernstein)试图说明贫困/底层阶级家庭的子女为何受到教育却依然重蹈父辈的命运。他的理论沿着此路径展开：他指出工人阶级以地位为中心的家庭充斥着权威和忠诚、服从，中产阶级以人格为中心的家庭中家长对子女较少命令，而更多恳求和协商。生活在这两类家庭中的子女由此发展出不同的语言代码，中产阶级的孩子使用的是精密型代码，工人阶级的孩子使用的是封闭型代码，而学校是以精密型代码及其社会关系体系为基础的。尽管精密性代码并不具有特殊的价值体系，然而中产阶级的价值体系却渗透于学习情境本身的结构中，[④]因而习得封闭型语言代码的儿童更为难以适应学校的教育环境。文化再生产理论通过透视符号支配和控制的过程解释了出身不同的孩子在学业上的不同

---

① 阿莱詹德罗·波蒂斯，朱利亚·森森布伦纳：《嵌入性和移民：经济行动的社会决定因素》，载于弗兰克·道宾主编：《新经济社会学读本》，左晗，程秀英，沈原译，上海：上海人民出版社，2013 年版，第 268-294 页。

② 阿莱詹德罗·波蒂斯与朱利亚·森森布伦纳提出“共同体团结的代价”，指出虽然共同体内部团结和信任的存在代表着成功的商业网络浮现的先决条件，然而这些情感与义务的无限激增恰恰反过来破坏了这一网络。参见：阿莱詹德罗·波蒂斯，朱利亚·森森布伦纳：《嵌入性和移民：经济行动的社会决定因素》，载于弗兰克·道宾主编：《新经济社会学读本》，左晗，程秀英，沈原译，上海：上海人民出版社，2013 年版，第 268-294 页。

③ Lewis O：Five Families：Mexican Case Studies in the Culture of Poverty，New York：Basic Books，1959：168.

④ 张人杰：《国外教育社会学基本文选(修订版)》，上海：华东师范大学出版社，2009 年版，第 347 页。

表现,也从某种程度上印证了贫困的代际传递原理。其关于文化资本的传承在再生产阶级地位的作用上的论述具有很强的解释价值,因而“文化资本”成了广为引用的分析性概念。迪玛奇奥(DiMaggio)以“地位文化参与”[①]来诠释文化资本,他认为高雅文化的鉴赏力、高雅活动的参与等构成了社会地位的象征与阶层区隔。也不乏学者从广义上使用文化资本的概念,认为家庭中的氛围、父母的阅读水平和习惯、家庭与学校的关系等都作用于子代教育,形成了不同社会阶层的再生产。[②] 在这其中,文化资本匮乏的贫困家庭的子女,由于在文化资本传递中处于劣势,因而依旧处于社会底层。

同样是在家族/家庭内部,会出现一种“平层压力”,即因共同的逆境而凝聚起来的团结感抑制了个人寻求外在机会的动机。在此情形下,共同体的社会资本依然存在,但其作用的方向却相反。波蒂斯(Portes)与森森布伦纳(Sensenbrener)提出“平层压力”,他们认为个人会受制于其共同体成员基于集体价值观与规范力量的困扰,高度团结的共同体会限制个人行动的范围。共同体会通过施加平层压力,使被压制的成员和共同体中的其他人留在相同或相似的位置,从而直接抑制或破坏个人流动及向上的努力。[③] 华康德(Wacquant)和威尔逊(Wilson)也有类似观点,在对芝加哥南部地区超级贫民窟的研究中,他们发现因共同的逆境而凝聚起来的团结感会抑制个人向外寻求机会的动机。[④]

经济学话语中对贫困的再生产的一种解释是“亲情系统型贫困陷阱”,沃尔夫(Wolf)将其诠释为“邻近亲属所组成的共享权利与义务的系统”[⑤],即假定生活在一个共同的文化传统中的家庭成员,他们共同承担外界的风险,从而同一个亲情系统网络中的成员互相为对方提供帮助。而这种作为潜在的社会事实

---

① DiMaggio P: Cultural Capital and School Success: The Impact of Status Culture Participation on the Grades of U. S. High School Students, American Sociological Review, 1982(2):189-201.

② 如文军等学者指出文化资本的代际传递存在阶层差异,在家庭、学校和教育机构三个场域的传递过程中蕴含着深刻的文化逻辑和阶层烙印,最终实现“三重再生产”,参见文军,李珊珊:《文化资本代际传递的阶层差异及其影响——基于上海市中产阶层和工人阶层家庭的比较研究》,《华东师范大学学报(哲学社会科学版)》2018 年第 4 期。

③ 阿莱詹德罗·波蒂斯,朱利亚·森森布伦纳:《嵌入性和移民:经济行动的社会决定因素》,载于弗兰克·道宾主编:《新经济社会学读本》,左晗,程秀英,沈原译,上海:上海人民出版社,2013 年版,第 286-287 页。

④ Wacquant, Wilson: The Cost of Racial and Class Exclusion in the Inner City, Annals of the American Academy of Political and Social Science, 1989.

⑤ Wolf, Charles: Institutions and Economic Development, American Economic Review, 1955(45):67-83.

的家庭纽带，会给家庭成员带来意外的负面效果。如霍夫（Hoff）与森（Sen）假定存在前现代的农业事业和现代事业。一部分从事农业生产的人会转向现代事业以谋求更大发展。在一个公司内部，高级管理者会考虑到这些"亲情社会"中的有生产能力的成员可能存在道德风险问题，如将自己家族、社区的成员雇佣进来，因而往往不将他们安排在具有如上操作权力的岗位，而有可能导致"屈才"。除了求职，在迁移向城市寻找住处时，那些"亲情社会"的人租房的成本更高，因为房东往往会认定他们租下房屋后会引更多家人来住，从而总是收取更高的租金。在城市的生活成本过高时可能导致个体退回农村。① 实质上经济学者所提的这种"亲情系统型贫困陷阱"是由社会偏见和排斥所致。

（三）基于个体生命历程和风险、脆弱性的解释机制

生命历程理论视域下的贫困的再生产研究关注多个生命事件构成的序列，关注人生经历、年龄意义、时间选择以及构成个人生命事件的先后顺序，考察个体的生命历程与社会变迁之间的互动关系。生命历程理论的解释维度在于："一是生活的时间与空间，即一个人的生命历程与其所出生的历史时代与地域密切相关；二是个人的能动性，即个体除了受到所生活的社会历史时期的结构性因素影响外，个体能动性作用和自我选择对其生命历程轨迹也产生着重要影响；三是相互联系的生命，即个体生活在相互交织的社会关系网络中，个体的生命历程会受到与自身相关的人所经历的重大生命事件的影响；四是生命的时间性，即个人生命事件发生时间会严重影响到个人的生命历程轨迹，生命事件发生时间的重要性甚至超过事件本身。"②20 世纪 90 年代，学者们将生命历程理论引入贫困问题的分析。如雷瑟琳（Leisering）等通过对社会政策与个人陷入贫困的时间的关系的分析，指出国家的福利政策使得个人的生命历程制度化。她提出贫困生命历程的四项原则：时间化、民主化、行动者和传记化。"时间化即强调个体在生命历程中的贫困经历具有多种不同的时间性形态，单次或反复经历短、中或长期的贫困。这一论点即指出贫困可能反复或再生产的特性"③；

---

① Holf K，Sen A：The Kin System as a Poverty Trap? Policy Research Working Paper Series，2005.

② Leisering L，Leibfried S.：Time and Poverty in Western Welfare States：United Germany in perspective. Cambridge：Cambridge University Press，2001.

③ Dannefer D：Cumulative Advantage/Disadvantage and the Life Course：Cross-Fertilizing Age and Social Science Theory. Journals of Gerontology：Series B Gerontological Society of America. 2003，58(6)：327-337.

丹尼弗尔(Dannefer)认为系统化的结构性力量会随着年龄的增长产生“穷者越穷,富者越富”的马太效应。[①] 国内也有一些学者借助生命历程理论研究贫困生成及再生产的问题,如张翠娥等学者指出贫困家庭受先赋性弱势的影响,而负向事件的时间性与累积的程度可能导致事件性弱势累积,累积到一定程度,家庭则会陷入更深层次的贫困状态。[②] 申康达分析了平滑型、波浪型和阶梯型生命轨迹,并指出是社会变迁、贫困家庭的社会关系网络以及贫困个体的能动性共同作用下形塑了其生活状态的起伏性,三者互构是其可能陷入更深层次贫困的逻辑。还有一些学者在分析社会群体劣势积累的过程时也用到了生命历程理论视角。[③]

不难发现,生命历程理论强调个体应对负向事件的行动与态度以及由此导致的生活轨迹的变化。“负向事件”中,贫困者面临的风险问题得到学者们的关注。亨宁格(Henninger)将贫困者面临的主要风险归纳为政治风险、社会风险、市场风险、环境风险和健康风险。[④] 立普顿(Lipton)又进一步将风险细化为:自然灾害、疾病、创伤、暴力、歉收、贸易条件恶化、收入机会减少等。[⑤] 经济学者提出“事前效应”和“事后效应”来解释风险导致个体持续性陷入贫困的机制,事前效应的前提假设是高风险所致的溢价成本削弱了致富项目的预期回报,于是贫困者会倾向于选择保守的低风险低预期的收入项目,从而收入得不到较大提升,长期陷入在贫困的境地。“事后效应”往往与贫困者的“脆弱性”共同作用,面临风险的贫困者,如果脆弱性较高,则更容易陷入深层次贫困。脆弱性强调个人或家庭面临风险后遭致财富损失或生活质量下降到社会公认的水平之下。20 世纪 80 年代初,钱伯斯(Robert Chambers)在脆弱性观点的基础之上提出了

---

① Elder G H: The Emergence and Development of Life Course Theory. Plenum Publishers. 2003.

② 张翠娥,王杰:《弱势的累积:生命历程视角下农村贫困家庭的生成机制》,《华中农业大学学报(社会科学版)》2017 年第 2 期。

③ 如徐洁,李树茁等人对女性老年人健康劣势及累积的机制分析,参见:徐洁,李树茁:《生命历程视角下女性老年人健康劣势及累积机制分析》,《西安交通大学学报(社会科学版)》2014 年第 4 期;徐静等人基于对贫困老人的生命史访谈,区分了不同的轨迹类型并梳理了生命事件与贫困的关系脉络,参见:徐静,徐永德:《生命历程理论视域下的老年贫困》,《社会学研究》2009 年第 6 期。

④ Henninger N: Mapping and Geographic Analysis of Human Welfare and Poverty-Review and Assessment, World Resources Institute, Washington D. C. 1998.

⑤ Sinha S, Lipton M: Damaging Fluctuations, Risk and Poverty: A Review, Background Paper for the World Development Report 2000/2001, Poverty Research Unit, University of Sussex,1999.

“外部-内部”的分析框架。[①] 他强调外部因素与内部因素的双重性，外部因素即为个体或家庭遭遇的风险、冲击和压力，内部因素为个体在面临风险、冲击时的防御能力匮乏。

(四)简要述评

贫困的再生产的研究，需要以贫困生成的理论作为支持。从理论发展脉络的梳理可以看出，关于贫困生成问题的研究主要形成了两种解释取向，一是以制度贫困论和政策贫困论为代表的结构解释取向；二是以文化贫困、文化排斥以及贫困代际传递为代表的文化解释取向。以上两种取向从不同的理论预设出发，对贫困生成的过程做出了侧重点不同的解释，其在解释过程中所提供的基本分析概念和分析思路，成为理解贫困的再生产的重要理论资源。

在中观、微观层面上对贫困群体/个体的贫困的再生产机制的探讨，制度、市场、家族/家庭以及贫困者个体构成了其解释要素。

不少学者聚焦于宏观要素即制度与市场对贫困的再生产的作用，主要观点在于：①由于制度和市场的不完善，如收入分配的缺陷、信息不完备以及次佳的市场结构等，一方面强者垄断了市场中的机会与利益因而强化了贫富分化，使贫者一直陷入在贫困陷阱中；②制度或市场对贫困者形成的社会排斥与剥夺使贫困者持续处在社会底层。不难发现，这些观点的阐述逻辑主要遵循低均衡贫困陷阱的思路，即最初匮乏资本或其他要素的贫困者由于缺乏改善自身困境的条件，因而陷入贫困的恶性循环当中，按照经济学者纳克斯的话语“一国穷是因为它穷”。正如上文提及的“要素短缺论”中，由于缺乏一定的生产要素，贫困者只能通过延长劳动时间来增加劳动投入从而形成内卷化，陷入生产要素流程的恶性循环。又如班纳吉(Abhijit Banerjee)与纽曼(Newman)提出的信贷市场的限制影响了贫富的分化。还有学者以同样的逻辑用人力资本投资决策模型分析贫富差距的演化与持续性贫困的形成，其核心思想是：由于人力资本存在投资门槛，初始资本较低的贫困者无法对自身进行投资从而只能留在传统部门，其收入也停留在传统部门的较低水平。[②] 低均衡贫困论的逻辑是通畅的，它也能完整地交代贫困的再生产的整个机制与过程。而不难发现持此思路的研究者的悲观主义色彩，一方面，他们过分强调贫困的初始状态，而对贫困者的能动

---

① Robert Chambers, G. Comway: Sustainable rural livelihoods: pratical concepts for the 21st century, IDS Discussion Paper, 1991(12):296.

② Galor, Zeira: Income Distribution and Macroeconomics, Review of Economic Studies,1993(1):35-52.

性不抱乐观态度。在此预设下,只有针对性的社会政策才能使贫困者脱困。因此持此思路的学者往往将改变穷人窘境的希望寄托于政府。而另一方面,在现实社会中,似乎在每一种观点之上建立起来的脱贫举措都仅仅停留于短期的权宜之计,而社会在转型的过程中存在着许多不确定的空间,如旨在救助贫困者的一些政策到头来可能成为贫困者惰性或依赖心的“催化剂”,如有学者就提到政府的过度干预或看起来能给贫困者生产生活带来直接益处的政策却反过来使其沉浸在贫困者福利中,不愿意靠自己的力量脱贫。这种非预期的结果正揭示了仅仅靠社会经济的发展以及政策援助,对于贫困者稳定持续脱贫已经不完全奏效。

也有学者从中观的贫困群体内部揭示贫困的再生产的机制。其核心观点为:①在家族/家庭内部,由于贫困个体所处的家族/家庭共同体无法为其提供求学、求职、生产或生活等方面的帮助,或其家族/家庭的负面状态波及、传递给个体,因而致使贫困的家庭以及家庭成员持续陷入贫困当中,这一点在学界中得到广泛研究。”②同样是在家族/家庭内部,会出现一种“平层压力”,即因共同的逆境而凝聚起来的团结感抑制了个人寻求外在机会的动机。③在家族/家庭外部的社会世界,由于关系对社会规则的“破坏性”而遭致社会偏见,一些社会偏见下采取的行动将致使本就弱势的群体陷入更深层次的弱势状态,有学者称其为“共同体团结的代价”。与低均衡贫困陷阱不同,这些学者们看到了物质以外的贫困群体内部的特征与文化。不难发现,以上观点均体现了贫困文化观,它根深蒂固地存在于贫困群体之中。学者们关注贫困群体的价值规范和行为特征(如奥斯卡·刘易斯笔下的贫困文化下的生活方式)、群体的态度(如“平层压力”),于是呼唤内在的驱动力与变迁。这种将贫困文化作用于一个共同体的研究也存在诟病,如它一方面将社区、民族、家族、家庭视为一个不可分割的整体,只注意到这些群体的共性而忽略了内在的差异性,事实是许多共同体内部成员都是“参差不齐”的;另一方面持文化排斥观的学者多强调排斥的单向性,即社会中的其他群体对固定某一贫困群体的排斥与偏见。而未能考虑贫困群体的主体性,假定贫困群体是被动的,其如何反作用于其他群体则未能涉及。实际上,该观点不能很好地解释为什么受到排斥的贫困群体/者就会放弃向上的动力,从而陷入更深层次的贫困。

基于个体生命历程和脆弱性的解释机制则主要聚焦于结构变动中的微观个体。持这些框架的学者们同时注重结构对贫困者的作用以及此类作用下的贫困者个体的能动性。如生命历程理论,该理论在方法论上将时间的多面性同社会结构变迁以及社会制度设置相联系,从社会文化角度关注各个年龄层在社会结构中所处的位置,以及从同龄群体及其历史的视角来分析个体的生活经历和体验。生命历程理论秉持的方法论糅合了个体取向与结构取向的解释方法，是对贫困的再生产机制的动态呈现。而其对于揭示贫困的再生产的深层机制又存在一定的局限，首先，其聚焦于贫困者个性、社会行为与越轨行为的累积，而在一定程度上忽略了贫困者社会地位、教育等的累积效应；其次，生命历程理论强调负向事件的累积导致贫困的再生产，虽然它也强调个体的能动性，但是和风险论中的行动者一样，该能动性常指涉个体对生活轨迹的被动调试，从某种程度上说，它与结构取向的解释方法同样忽略了贫困者的主体性；最后，生命历程理论主要对一些特殊群体的生命历程进行纵贯性深描，而由于不同个体/群体存在异质性，其研究或许存在代表性不足的问题。

综上，贫困的再生产机制已有的研究的缺陷与不足构成了本研究进一步努力的方向。笔者认为，对相对贫困的再生产过程进行动态的考量是有必要的，因而应在研究中考虑贫困者所处的情境，即外部社会世界对其施与的力量。社会行动者并非意识形态的被动承载者，相对贫困的再生产在实际情境中一方面由结构性因素所塑造，另一方面贫困者自身具有主动选择性，在面临来自社会及社会中的其他群体的力量时，它们会做出反应并反作用于其他群体，因而从不同群体的关系、互动切入，在互动过程中把握贫困的再生产的关键就显得十分必要。这便构成了本研究努力阐释的方向。

三、关于社会区隔的研究梳理

学界关于社会区隔的研究主要以社会分化为切入点，研究的逻辑起点在于在场域位于不同位置、被置于不同条件并受到不同约束的行动者主体因生活处境不同，习性差异而分化成不同的阶层、群体成员。不同阶层、群体成员具有不同的实践，涉及不同的审美、饮食习惯、身体习性、居住方式等方面。这些来自不同阶层、群体成员的生活风格的分化又建构并固化着这种区隔。关于社会区隔的研究就是围绕着社会区隔的被建构与建构分化展开的。

(一)社会区隔——作为社会分化的后果

体制及制度区隔。制度区隔体现在中国的城乡二元分割体制以及二元劳动力市场的分化上。学者田丰韶利用体制区隔来解释传统贫困治理存在缺陷的深层次原因。他将贫困治理存在缺陷归因于政府部门间区隔、层级关系区隔、城乡二元体制区隔和农村阶层区隔和国家与社会的区隔。在文中，作者厘析了五种区隔的具体生成路径，即政府部门间区隔是政府间条块分割、各自为战的体制性障碍构成的；层级关系区隔指代利益分化背景下，地方政府与中央政府之间的分化与博弈。农村阶层区隔指代农村日常生活在人际关系、婚恋情感、生活消费、日常闲暇、居住空间及社会心理等方面呈现出的区隔化状态。国家与社会的区隔用来指代国家借助权威分配与资源供给方面在贫困地区的影响力日益增加而在扶贫方式上忽略了贫困人群的自我意识与能力的引导与培育，存在扶贫资源决策权、使用权与控制权的垄断。① 在市场体制区隔层面，研究多聚焦劳动力市场的隔离，认为劳动力市场中存在着“基于系统性歧视或者更精确地说雇佣者歧视的区隔”②。

社会空间区隔。空间区隔发生在具体的物理空间和虚拟空间即网络空间中。在种族间居住隔离问题上，希尔兹(Shields)指出居住空间是社会关系的投射，它从物理空间上呈现出后种族隔离时代的种族关系变迁，日常生活世界中的空间实践反映了权力关系的变革，③空间生产与再生产的社会过程中充满利益的博弈与冲突，而在此博弈的过程中，权势(上层)群体始终占据主导地位。④学者刘敏、包智明聚焦于后种族隔离时代南非城市的居住空间隔离及其社会意涵，其指出自殖民时期以来白人所处的经济社会的优势地位，虽然种族隔离制度的废除赋予了黑人政治参与的权利，但是在微观社会场景中，白人仍然能够通过私人化的居住空间来体现其权力优势，并主导空间的再生产。基于居住空间的区隔，占据优势地位的白人维持并重构了海湾镇区隔、歧视与排斥型的社会空间形态，种族之间的互动与交往局限于有限的空间范畴中，从而割裂了不同种族之间的空间联系。⑤ 潘泽泉提到城市人为满足自身本体性安全或同一性的需要，通过区隔的方式，将平民限制在一些居住区域内部，从而使他们变得“不可见”。⑥ 刘超经由农民居住形态的田野调查，指出社会阶层间的居住空间的区隔是社会阶层间极端封闭的表现，是权力的空间化和资本的空间化构造出农村社会空间区隔。⑦ 虚拟空间存在的社会区隔则主要针对网民在网络进入与

---

① 田丰韶：《从体制区隔走向协同治理：兰考精准脱贫的实践与思考》，《中国农业大学学报(社会科学版)》2017 年第 5 期，第 64-65 页。

② 谢桂华：《市场转型与下岗工人》，《社会学研究》2006 年第 1 期。

③ R. Shields: Social Spatialization and the Built Environment: The West Edmonton Mall. Environment and Planning: Society and Space，1989(7)：147-164.

④ David Harvey: Social Justice, Postmodernism and the City. International Journal of Urban and Regional Research，1992(4)：588-601.

⑤ 刘敏，包智明：《从区隔到共享：后种族隔离时代的居住空间——南非开普敦市海湾镇贫民窟的民族志研究》，《中央民族大学学报(哲学社会科学版)》2016 年第 1 期，第 66 页。

⑥ 潘泽泉：《社会网排斥与发展困境：基于流动农民工的经验研究——一项弱势群体能否共享社会发展成果问题的研究》，《浙江社会科学》2007 年第 2 期。

⑦ 刘超：《农民居住形态与阶层分化：浙江例证》，《重庆社会科学》2017 年第 3 期。

参与的过程中制造出的差异与分化。地域与时间的区隔在信息编码的过程中得以消解,以即时的方式在凝聚的空间中实现共享,并且,从某种程度上说,它也消灭了阶层、财富、地位、学历等社会标识。看起来网络社会空间中的区隔被虚化了,[①]而区隔会呈现在网民对互联网中的社区的选择过程中,“这种分化使人们在信息环境和意见气候的接触方面,有更多的偏向性,而这种偏向性反过来又会强化不同人群在意见、态度甚至价值观和行动层面产生差异”[②]。学者蒋建国也认为网民在兴趣爱好、价值取向、消费观念等方面的差异和类同推动着网络的分流和聚结。网络族群的多元化发展体现了网民在个人选择上的风格化和主观性,并明显受到个人主义、消费主义、拜金主义等各种思潮的影响,对网民的自我认同和身份区隔起到标识性的作用。[③]

社会身份区隔。社会身份区隔视域下的研究大多借助“剥夺”、“排斥”等理论工具探讨不同群体的社会地位和社会融入状态。如学者陈光裕分别用“身份区隔”来解释社区生活中不对等的互动身份,用“权益区隔”解释社区资源配置中的藩篱与偏颇,用“心理区隔”概括认同感的双重缺失。[④] 学者邹秋仁用“区隔、融入”模式建立了新生代农民工与市民社交关系生成的分析框架,他认为在城市支配性的利益与城市发展的背景下,城市精英与居民之间通过联合起来把控对资源的控制权,以维持自身与那些处于边缘区域的外来者的分化。对于已经确立自身地位的人或者局内人可以采取不同形式的社会封闭,借以维持他们与其他人之间的距离。[⑤] 何颖、高雪莲等学者用社会区隔概念对外来务工人员随迁子女的城市/校园融入问题进行了探索,如何颖探讨了家庭与学校间的场域分离与惯习区隔,分析了在家庭场域中的生存目标下与经济优先的价值导向,劳动阶层的生活惯习与薄弱的家庭文化资本下随迁子女校园文化融入的困境。[⑥] 高雪莲对北京市农民工家庭与普通工薪阶层家庭儿童的课余世界进行对

---

① 朱海龙:《场域、动员和行动:网络社会政治参与研究——以A省×事件为例》,上海大学博士学位论文,2011年。

② 彭兰:《网络传播与社会人群的分化》,《上海师范大学学报(哲学社会科学版)》2011年第2期。

③ 蒋建国:《网络族群:自我认同、身份区隔与亚文化传播》,《南京社会科学》2013年第2期。

④ 陈光裕,徐琴:《租、住区隔:城市中的二元社区及其生成——以产权为视角的个案研究》,《学海》2014年第6期。

⑤ 邹秋仁:《区隔与融入:一个群体关系的模式分析》,《宁夏社会科学》2010年第2期。

⑥ 何颖:《惯习区隔与政策壁垒——北京市公立学校随迁子女文化融合困境的人类学分析》,《广西民族研究》2016年第4期。

比考察后发现，乡村流动儿童因受学校主流教育和“影子教育”的双重排斥，其弱势教育构成了其社会地位不平等的再生产。① 老年人的社会生存困境也被纳入社会区隔研究范畴，如雷望红阐释了空间排斥中产生的群际之间和群体内部的交往区隔，以揭示农村老年人地位边缘化的现状。② 即城市阶层分化被充分研究后，随着农村社会经济发展，农村人口职业分化的加剧，农村阶层分化问题成为农村社会的研究热点，如印子在田野观察中提炼了浙北农村日常生活中的区隔化现象，并将此归因于农村工业化历程中逐步发展出的资本区隔与权力区隔。③

经济学者也开始采用“社会区隔”理论用来解释经济领域的问题。如斯戈等研究者揭示了协作消费或分享经济中的开放性与区隔性的矛盾，分享经济平台总是于表面上宣称对外开放性，而实际中，参与分享经济的人们却借助文化资本的匹配性制造出社会区隔。研究者对四个不同类型的分享经济案例进行了个案研究：时间银行、食品交换、手艺作坊和创业培训互助会。通过对 80 个受访者的深度访谈以及 250 个小时的参与观察，斯戈等人发现，在这些交换活动中，文化资本的分化所产生的区隔正是不平等的再生产的关键机制。④

（二）社会区隔背后的意图：阶层分化的再生产

在消费社会学领域中，消费系统建立在符号与区分的编码之上，他们指出人们的消费并非消费物本身，而是用物的符号价值来突出其自身所具备的价值内涵。消费社会学家鲍德里亚指出了消费构造的“差别”。宏观层面，产品的“系列”与“模范”带动了整个社会分化，消费造就了基于产品符号占有与消耗差异的社会区隔。在鲍德里亚的消费社会理论中，社会具有生产差异的机制，具体表现为社会会将人抽象为消费符号，而不同符号之间存在差异化的消费，这种差异化就构成了区隔。⑤ 一方面，商品的消费符号制造了社会中分化下的不同阶层，而另一方面，来自社会上层的资本和权力的推手利用媒体传递、塑造消

---

① 高雪莲：《区隔的童年：城市儿童与乡村流动儿童的课余世界》，《北京社会科学》2017 年第 9 期。

② 雷望红：《空间排斥视角下农村老年人地位边缘化研究——基于山东 J 村撤村并居实践的考察》，《华中农业大学学报（社会科学版）》2017 年第 2 期。

③ 印子：《农村日常生活区隔化与农民阶层分化再生产——基于浙北农村调查的分析》，《北京社会科学》2015 年第 7 期。

④ Juliet B. Schor: The overspent American. New York: Harper Perennial, 1998.

⑤ ［法］让·鲍德里亚：《消费社会》，刘成富，全志钢译，南京：南京大学出版社，2001 年版。

费的意识形态，从而实现对民众的驯化。如电视广告通过表达、宣传消费商品的等级化差异，促使了消费的象征意义与对应的不同阶层文化的分割，如将高档汽车、名表、住宅等广告与社会精英的生活风格相关联。通过这种区隔的建构，社会结构不断地被再生产出来。[①] 许多学者都探讨了消费符号构建的阶层分化，如王建平提出社会区隔理论在研究中国城市中产阶层消费特征中的解释力，他认为由于中产阶层消费已经不仅局限于生存性必需而更多体现为一种奢侈品味，而这种消费中具有更多符号功能，一方面这些消费符号可以把相同阶层的成员汇聚起来，另一方面又将其他阶层排挤出去。[②]

担当区分符号的是消费中的产品的价格还是另有它者呢？保罗·福塞尔进一步提出自己的理论框架，他认为品味或格调是社会分化与等级的最终趋势，个人所属的阶层或群体通过消费品味体现并表现于全部生活中，以致这种分化成为社会区分的指南。[③] 甘斯将带有个人选择和文化偏好的审美趣味系统化为趣味文化，他认为社会中持有不同趣味的阶层之间存在分化与区隔。[④] 布迪厄（下文也作布尔迪厄）挖掘到了这种文化偏好其中的非个人性，在《区分：判断力的社会批判》一书中，他明确了品味的社会功能，认为不同阶级的成员会秉持自身特有的阶级/阶层秉性进入不同的品味场域，通过选择并呈现差异化的生活方式与风格来亮明自己的阶级/阶层身份，从而与其他阶层/阶级竖起隔离屏障。

（三）简要述评——布迪厄的社会区隔研究方法在乡土社会的运用

布迪厄等人的社会区隔理论，尤其区隔的工具——品味指导下的生活风格，虽然其运用的场域为当代发达资本主义社会，但对于用来研究中国社会也不乏启发意义。改革开放40多年来，中国社会结构经历了巨大的变革，其间人们的生活、消费方式也发生了翻天覆地的变化，原来人们的生活必需品经由国家控制和分配，个人的消费无自主性，而现今各类消费品完全依靠市场机制满足人们的需求，个人享有充分的消费自主权。如此生活风格的分化不仅发生在

---

① 邢虹文：《文化的区隔：电视文化与社会分化》，《社会》2004年第8期，第5页。

② 王建平：《分化与区隔：中国城市中产阶层消费特征及其社会效应》，《湖南师范大学社会科学学报》2008年，第69-70页。

③ ［美］保罗·福塞尔：《格调：社会等级与生活品位》，梁丽真，乐涛，石涛译，北京：中国社会科学出版社，1998年，第108页。

④ Gans H：Popular Culture and High Culture：An Analysis and Evaluation of Taste New York：Basic Books，1974：81.

城市，也发生在农村。而且与城市陌生人社会的分化不同，“它深嵌于微观的村庄结构，并被村庄结构所形塑。”[①]村庄熟人社会具有信息对称、互动在场和价值贡献三大特征，它们影响着农民对自身阶层的认知与定位。[②] 这使得社会资源在不同农村群体中的分配方式或配置方式的差异处在一定地位结构中不同位置的农村成员之间的交往关系、互动模式与行动逻辑中体现得更为深刻。

社会分化是当前学界研究农村社会问题的重要出发点，即有的关于农村分化与阶层的研究主要采用韦伯的多元分层理论，从三个维度考量社会中的阶层分化：一是市场机会和收入的分化制造的不同阶级经济地位的分化；二是权力的分化而形塑的政治地位的分化；三是职业和社会声望的分化出现的社会地位的分化。[③] 具体到我国农村社会分化分析，抽取职业为标准的多元分析理论运用的最为广泛。影响较大的如陆学艺、张厚义先生提出以职业分类为基础，以组织资源、经济资源和文化资源的占有状况来划分社会阶层。[④] 邹农俭提出职业转移是农民身份转移的逻辑起点，[⑤]陆益龙、张洪伟、李元洪等学者也持职业分类划分阶层观。陈柏峰、贺雪峰等人从农民与土地的关系出发，考察农村社会阶层分化，如陈柏峰将农民划分为五个阶层：外出经商阶层、举家务工阶层、半工半农阶层、小农兼业阶层、村庄贫弱阶层等[⑥]。贺雪峰则对取消农业税后的农民阶层划分为：脱离土地的农民阶层、半工半农阶层、在乡兼业农民阶层、普通农业经营者阶层及农村贫弱阶层。[⑦] 也有学者提出了以职业标准确立农村社会分层的局限性，如李全生认为以职业作为农民分层标准，未能充分认识到农民劳动的兼业性、非农劳动的流动性和家庭内部分工的社会外化性。由此，他提出将经济资源之外的知识、文化、权力、社会关系和身份地位等“象征性资源”

---

① 杨华：《建构农村阶层关系研究概念体系》，《华中农业大学学报（社会科学版）》2014年第5期，第89页。

② 杨华，杨姿：《村庄里的分化：熟人社会、富人在村与阶层怨恨——对东部地区农村阶层分化的若干理解》，《中国农村观察》2017年第4期，第116页。

③ ［德］马克斯·韦伯：《经济与社会（第一卷）》，阎克文译，上海：上海人民出版社，2010年版，第32页。

④ 陆学艺：《当代中国社会阶层研究报告》，北京：社会科学文献出版社，2002年版，第8页。

⑤ 邹农俭：《论农民的阶层分化》，《甘肃社会科学》2004年第4期。

⑥ 陈柏峰：《土地流转对农民阶层分化的影响——基于湖北省京山县调研的分析》，《中国农村观察》2009年第4期。

⑦ 贺雪峰：《取消农业税后农村的阶层及其分析》，《社会科学》2011年第3期。

也纳入分析范围。[①] 可以说，以上研究的出发点都只充分意识到社会分化的垂直层面，而对于水平层面的分化或立体层面的分化则鲜有关注。20 世纪 90 年代以来，德国一些社会学家试图通过运用“社会生活圈”、“生活组合”、“生活风格”、“生活历程”等来取代阶级、阶层等传统的思考，可以说，由此学界开始关注从垂直层面的区分转向水平层面或立体层面的区分。借助布迪厄的分层研究成果，本研究认为，将文化视为一种区分社会分化的象征体系，将习性、生活风格纳入文化的分析要素，运用品味区隔的新命题进行所谓生活方式的研究，并将生活方式引申到阶层的区分，或许可以成为研究农村社会分化及阶层/群体发展轨迹的新思路。

第三节　概念界定

一、贫困

在界定相对贫困之前，由于学界不同学科对贫困的概念解释出发点不一致，落脚点也层出不穷，因此有必要先确立本研究采纳的贫困概念。传统的贫困观形成于资本主义工业革命时期，贫困界定的主流方法是用家庭收入、消费支出和资产等货币性指标来界定个人或家庭的物质生活或经济状态，也因此相应地产生了消费贫困、收入贫困、资产贫困等概念。收入贫困是大多数经济学者采用的方法，[②]比较有代表性的有英国贫困研究者博西姆·朗特里(Bossim Lantry)，他在《贫穷：对城市生活的研究》中将贫困界定为家庭“总收入不足以获得维持体能所需的最低数量的生活必需品”[③]。收入界定贫困法也有其漏洞，其只能反映家庭当年的经济所得而未考虑到既有的财富积累和存量。美国学者罗伯特·哈夫曼(Robert Haffman)在《贫困政策和贫困研究》中指出了收入贫困线的缺陷，如官方标准没有计入财产，也没有计入获得不同质量住房机会

---

① 李全生：《农村社会分层标准浅析》，《烟台大学学报(哲学社会科学版)》2003 年第 2 期。

② 朗特里的方法被广为采用，如《2000/2001 年世界发展报告》评价朗特里方法以家庭收入和支出调查为基础，目前已成为贫困定量分析和政策论述的主要手段。中国国家统计局在 1985 年对中国农村居民贫困的定义也采用了朗特里的绝对贫困定义，即如果人均纯收入低于农民维持基本生存所必需的消费的物品和服务的最低费用，则称为生活水平处于贫困状态。

③ Rowntree B S：Poverty：A Study of Town Life. London：Macmillan，1901.

的差别。[①] 哈夫曼与伍尔夫强调财富积累和存量是一个家庭应对风险打击、避免陷入贫困的重要经济资源。

从20世纪60年代开始，学者对传统的物本贫困观提出了质疑和批评，并开始探索从“社会功能”、“非经济因素”、健康与教育等广义福利、人的选择能力与权利机会、人的尊严与社会参与等方面来理解和界定贫困。如果说传统的贫困观是将贫困界定为生物性的物质贫困，那么现代的贫困观则将复合维度的认知赋予贫困内涵。20世纪80年代初期，阿马蒂亚·森(Amartya Sen)开辟了个人福利的能力分析路径，他提出贫困应该视为基本可行能力的剥夺，而不仅仅是收入低下。[②] 他在《以自由看待发展》进一步作出了阐释，“可行能力是一种自由，是实现各种可能的功能性活动组合的实质自由”[③]。受能力贫困观的启发，后续的研究将匮乏的内涵向多维度进行了延伸。如学者们在社会正义的语境下提出机会平等论，[④]继而福利被剥夺的状态也被纳入贫困的范畴。[⑤] 随着学者们对贫困的认知以及改变贫困的实践经验的积累，贫困的复合性得到愈发的重视，即一方面贫困的各维度之间存在层次性，从物质贫困(私人物品匮乏)到人文贫困(公共物品匮乏、机会匮乏、能力匮乏、权利剥夺)，另一方面学者们也注意到贫困各维度的耦合性，即每个因素之间通过相互作用和影响会产生共同响应，如资源贫困、能力贫困、机会贫困、权利贫困等并非完全独立和互不相干的，它们共同发生耦合效应。基于对以上贫困概念的梳理，本研究将贫困视为个人或家庭缺乏社会分配正义底线平等规范认同的、必需的基本价值物(资源、能力、机会和权利)，以致无法自由选择自己的生活方式，由此呈现出一种匮乏性的生活状态。

---

① Haveman R, Wolff E N: The Concept and Measurement of Asset Poverty: Levels, Trends and Composition for the U. S., 1983-2001, The Journal of Economic Inequality, 2004.

② [印]阿马蒂亚·森:《以自由看待发展》，任赜，于真译，北京:中国人民大学出版社，2002年版，第15页。

③ [印]阿马蒂亚·森:《以自由看待发展》，任赜，于真译，北京:中国人民大学出版社，2002年版，第62-63页。

④ 如《2006年世界发展报告——公平与发展》提出“一个人的成就应该是他或她努力以及才能的结果，而不是其所拥有的背景决定的。一个人的天生条件(包括性别、人种、出生地和家庭背景)以及他或她所拥有的社会关系等因素，不应该决定此人在经济上、社会上以及政治上的成就。”

⑤ 如世界银行在《2000/2001年世界发展报告》中对贫困作出的定义:“贫困指福利的被剥夺状态”，即贫困不仅指物质的匮乏，而且包括低水平的教育和健康;此外，还包括风险和面临风险时的脆弱性，以及不能表达自身的需求和缺乏参与社会的机会。

二、相对贫困

遵循贫困的理解维度与思路，本研究尝试进一步对相对贫困作出解释。在界定标准上，相较于绝对贫困有着明晰的贫困标准线，相对贫困没有设定具体和明确的目标与治理进程。采用相对贫困标准最为典型的是经济合作与发展组织（OECD），但是对相对贫困标准没有具体的设定。只有欧盟在2010年发布了《欧洲2020》政策文件，提出了明确地减缓相对贫困目标，但关注的是返贫风险。与绝对贫困相比，相对贫困具有相对性、动态性、多维性和长期性。相对性是相对贫困之于绝对贫困最显著的特性，即相对于各种参照体系来说处于贫困的状态。这个参照体系又有不同程度的差别，既可以是收入上的平均水平，也可以是各种生活需要的平均水平等等；相对贫困情况会随着主客体、时空、经济社会发展状况等因素的变化以及衡量标准的变化等呈现不断变化的动态特征。我国从解决温饱到总体小康，再到全面小康，最终到实现社会主义现代化强国，贫困标准的界定一直处于变化当中，这种变化就是相对贫困呈现出动态性的特征；相对贫困体现人们生活的各个方面，在解决了基本生存需要的绝对贫困基础上，“人民美好生活需要日益广泛，不仅对物质文化生活提出了更高要求，而且在民主、法治、公平、正义、安全、环境等方面的要求日益增长”，[①]这就使得相对贫困呈现出多维性的特征。最后，相对贫困与绝对贫困相比，相对贫困面临的范围更广、难度更大，其治理必然是长期的。

基于相对贫困的特性，本研究试图如此界定相对贫困：相对贫困是个体所拥有的资源明显低于所在社会家庭或个人平均支配的资源水平，通常不取决于个人的实际生活状况，而是与参照群体的状况紧密相连。一般来说，如果一个人或一个家庭的生活状况（如以收入来衡量）低于社会平均水平，并达到一定程度，就可认为其处于相对贫困状态。其中生活状况多指收入水平和生活质量，生活质量包括资产积累、基本公共服务均等化、生活环境、政治参与等。如果说化解绝对贫困是解决生存保障问题，那么缓解相对贫困则是缩小收入和生活质量的差距问题。

本研究视域下的相对贫困的再生产，即是针对相对贫困群体或个体的贫困状态的再生产。具体而言，贫困的再生产包含两个方面的内容，一层为贫困状态的再生产，即固定的群体或个体贫困者持续卷入贫困陷阱，脱贫又返贫，或未脱贫而陷入更深层次的贫困的过程；另一层研究焦点为贫困群体/阶层的再生产，即贫困在群体或个体间的传递，层次互移或代际传递。

---

① 习近平：《决胜全面建成小康社会，夺取新时代中国特色社会主义伟大胜利——在中国共产党第十九次全国代表大会上的报告》，《求是》2017年第21期，第3-28页。

三、社会区隔

从广义上来说，社会区隔通常用来指处于同一社会空间的不同群体由于分化而形成的相互隔离的状态。社会区隔既可以是对既定状态的表达，又常被视作一种动态的过程：区分-隔离。

本文对于区隔的用法来源于学者布迪厄创造的区隔概念。在其《区分：判断力的社会批判》一书中，布迪厄揭示了社会不同阶层间的区隔是如何通过不同生活风格的呈现而得到进一步巩固的。布迪厄区隔的理论价值在于其创造性地点出了区隔工具——品味，以及深层次揭示了区隔背后的意识——阶层分化的再生产。

在本研究中，笔者尝试有选择性地借鉴布迪厄的区隔理论，具体而言，笔者借鉴了区隔的工具，即尝试以社会中不同层次群体的品味、生活风格为切入点。而为笔者创造性发挥的部分在于区隔的机制，在布迪厄的视域里，区隔是一面倒向精英的，可以说区隔的过程即为“精英的再生产”，底层的主体性在某种程度上被布迪厄忽略不谈。笔者试图捡起被布迪厄忽视底层的主体性。

具体而言，本研究的区隔的逻辑在于：不同位置、被置于不同条件并受到不同约束的行动者主体因生活处境不同，习性差异而分化成不同的阶层、群体成员。不同阶层、群体成员具有不同的实践，涉及不同的审美、饮食习惯、身体习性、居住方式等等。这些来自不同阶层、群体成员的生活风格的分化又建构并固化着这种区隔。关于社会区隔的研究就是围绕着社会区隔的被建构与建构分化展开的。

四、生活风格

在界定生活风格为何前，笔者先试图梳理“生活方式”这个与生活风格范畴相近的、更为常用的概念。用于社会科学中的生活方式概念，是阐释某一社会人们日常生活条件和特征的概念。生活方式的概念很早就在社会学研究范畴中出现。马克思、恩格斯将物质生产与生活方式关联，“人们用以生产自己必需的生活资料的方式，首先取决于他们得到的现成的和需要再生产的生活资料本身的特性。这种生产方式不仅应当从它是个人肉体存在的再生产这方面来加以考察。它在更大程度上是这些个人的生活方式。”[①]马克思、恩格斯的观点得

---

① [德]阿斯曼，斯托贝格：《马克思列宁主义社会学原理》，黑龙江人民出版社，1983 年版，第 235-236 页，载于黑龙江社会科学院社会问题研究中心：《生活方式研究》，黑龙江社会科学院出版社，1985 年版，第 152 页。

到我国早期社会学者的支持和沿用,[①]他们都揭示了人们的生活方式在其社会存在中的地位和作用,强调生活方式同生产方式、客观物质条件、社会制度的紧密关系,认为正是以上这些决定了生活方式的性质,也就是强调生活方式的社会建构性。也有学者注意到了生活方式的主观色彩,即由个人情趣、爱好、价值取向决定的生活行为的独特表现形式和特殊的生活习惯、风度、气质等。如果说前者与生存活动的客观条件息息相关,那么,后者涉及生存活动的形式和意识,从这一层面出发,便走近了生活风格的概念。基于生活事实的重要现象是,不同的个人、群体或者整个社会的生活水平(这里与物质条件相关)相同(或者说差别不明显)却可以有完全不同的生活风格,这就说明生活风格并不只与经济条件相关,它可能暗含着其他方面的社会意义。

本研究所沿用的生活风格概念由布迪厄提出,具体是指不同社会空间中的人们拥有的资本(除经济资本,文化资本是更重要的指标)及其属性所决定的日常消费偏好与取向所呈现的风格。生活风格不仅仅意味着物质的占有,也意味着占有与物质相关的知识、行为与观念。布迪厄始终强调习性衍生的品味(而非经济条件)作为一种分类系统,是生活风格发生的根源。对生活风格的研究将作为本研究透视村庄场域中相对贫困群体与其他群体分化的重要切入点。

第四节　研究设计

一、研究方法

如何从中微观层面揭示相对贫困再生产的内在机理,不仅涉及对理论脉络的梳理以及解释逻辑的建构,还具体涉及研究方法的选择。本文尝试以村庄社会分化为背景,从社会区隔过程揭示相对贫困再生产的逻辑,因而笔者的研究单位主要涵盖村庄和村庄中的不同群体(贫困群体为主体,中间群体与富人群体为参照群体)两个层次。

作为考察乡村社会性质的基本单位,村庄共同体是我国社会研究的主要传统。20 世纪 30 年代,结合英国功能主义人类学和美国芝加哥学派的社会学理

---

① 如杜任之认为生活方式怎样,基本上取决于生产方式怎样,参见杜任之:《谈谈生活方式》,《社会》1982 年第 1 期。王玉波辨析了生活方式与生产方式的联系与区别,认为生活方式归根结底受到生产方式的决定和制约,而生活方式总是巩固和发展新的生产方式的积极因素,参见王玉波:《"生活方式"浅探》,《晋阳学刊》1983 年第 6 期。载于黑龙江社会科学院社会问题研究中心:《生活方式研究》,黑龙江社会科学院出版社,1985 年版,第 101-102 页。

论，吴文藻提倡将社区作为深入社会的方法论和认识论单位，认为社区是“社会生活的各方面都密切地相互关联而成的一个整体”①。后来的二三十年间，费孝通、林耀华等人以村庄社区为单位，以功能学派为理论视角，将村庄视为各部分功能和谐的整体，通过对物质文化、人类行为、信仰与理念的“文化事实”的还原，构建了中国农民的生活形态。村庄构成了农民的基本生活单位，同样也是中国乡村的基本社会结构单位，村庄同时也是各种内外因素相互融合和叠加的共融体，并重塑着村庄的社会现实，影响着村民的内在实践逻辑。

本研究以一个完整的村庄为个案，将对社会分化下的社会区隔下沉至村庄内部，其中可能存在代表性不够的局限，但是却不失为一个尝试。笔者认为，村庄作为熟人社会，其具备信息对称性与互动在场性的特征，因而村庄中贫困群体与其他群体之间处在真实可感的状态中，而区隔正是不同层次群体互动的体现，因此，只有深入到村庄内部，观察不同群体之间生活风格的分化，深入到不同层次群体的日常交往、仪式人情交往、村庄政治参与活动以及村庄内部关联之中，才能对贫困群体被区隔与自我区隔状态进行真实和细致的展现。村庄是由独立的村民个体或家庭组成，这就决定了“群体”概念本身必然会带有研究者特定的目的色彩，呈现出建构性的特征。“群体”是指具有某种共同特征的人所构成的一个抽象总体，这就意味着“群体”的特性必然会体现在属于该群体内部的具体个人的身上，即个体是群体的载体和表征。因此，具有某种群体特性的个人可被看作该群体的代表，其日常生活风格和行为特征也可以看作是该群体的典型。需要提出的是，群体本身并不能进行抽象研究，特别是当要深入不同群体间在其微观的互动情境中考察其区隔关系时尤其如此，只能以群体中具体的个人为对象来展开。否则直接以群体为描述对象和分析实体，只能陷入泛泛地空谈，无法对区隔形成的过程和机制进行呈现。因此，本文群体研究的分析载体是属于该群体中的具体个人。

在对研究单位进行说明后，需要进一步强调的是本研究为社会学意义上的“因果机制”研究。首先，本研究虽然是从村庄中不同层次群体的生活风格分化图景切入，而最终的落脚点在于从群体与结构层面揭示贫困再生产的逻辑。其次，本研究力图从中微观层面揭示贫困再生产的逻辑与机制。对于社会科学而言，其以社会现象为研究对象，而社会现象相对于自然现象来说影响因素更为复杂，而这并非意味着社会现象间并不存在因果规律。对于许多社会现象而言，只能采用定性方法来推断因果机制。对于个案研究而言，“由于比较个案研

① 吴文藻著序言，费孝通，王同惠：《花篮瑶社会组织》，南京：江苏人民出版社，1988 年版，第 4-7 页。

究很难证明经验相关,所以更重视因果机制分析,即从理论上来解释现象之间的关联”。因而,从研究结论上看,本研究将从理论概念以及理论概念之间的内在关联来解释贫困再生产的内在机理。

本研究建立在对山东省菏泽市曹县L村实地调研的基础上。笔者于2017年12月和2018年7月两次赴菏泽地区进行实地调研。2017年12月的调研内容为山东省扶贫与扶志扶智相结合的实践探索,尽管整个调研过程中进入菏泽的时间只有两天,但是通过这次调研,笔者从宏观层面了解调研地的文化背景与发展面貌。2018年7月,笔者所在调研团队再一次赴菏泽,展开了对“扶贫车间”的发展状况的深入实地的研究。这次调研结束后,笔者独自留了下来。在菏泽市扶贫办的帮助下,选择了曹县L村作为本论文研究的调研地,并在此进行了为期半个月的调研。在市扶贫办副主任兼L村下派第一书记的帮助下,笔者得以在距L村较近的镇政府空置的办公室安营扎寨,每日往返于镇政府与L村之间。在镇政府扶贫办工作人员、L村村支书以及会计的帮助下入场。在具体调研方法上,由于对村庄不同层次群体生活风格的研究需要可比较的数据的客观呈现,因此笔者分别对L村(富人、中间、贫困)三个层次群体的15位成员进行了结构式访谈和入户观察。结构式访谈有助于笔者直接获得相关数据,而入户观察则能帮助笔者获得一些被访者语言提供的信息之外的信息,并有助于更客观地了解被访者的真实生活处境。在获得了反映客观事实的数据的基础上,笔者还需进一步对一些“有故事”、“有代表性”并有表达意愿的访谈者(尤其是贫困者)的成长、发展史做更深入的挖掘,因而笔者采用了深度访谈。除此之外,笔者也通过多次与村干部、镇扶贫办工作人员以及L村派第一书记交流、沟通,以修正自己在调研过程中不免产生的不符合客观事实的个人判断和偏见。

二、论文结构

本文思路沿6个章节层层展开,各章内容概要如下。

第一章:该章为导论部分,提出了研究主题相对贫困的再生产在我国巩固拓展脱贫攻坚成果,构建解决相对贫困的长效机制的现实意义以及其在贫困研究学术发展脉络中的位置。梳理并简述了与本研究相关的贫困生成领域、贫困再生产以及社会区隔领域方面的研究成果与进展,对本研究涉及的相关概念进行了简单界定,并交代研究方法。

第二章:该章为本研究所采纳的理论基础与研究分析框架。本文构建的社会区隔与相对贫困的再生产的分析框架由区分的符号系统、区隔的意识、区隔的外化与相对贫困再生产的实践过程等部分构成。

第三章:自该章起进入相对贫困群体的日常生活风格与其他群体的分析。

通过将居住模式及空间配置、饮食消费与身体、形象管理以及文化投入整合到一个解释框架中，用以勾勒相对贫困群体日常生活风格与村庄中其他群体的分化图景。

第四章：该章挖掘了生活风格分化背后相对贫困群体与其他群体的关系及建构，即区隔形成的逻辑。相对贫困群体与其他群体之间的区隔主要呈现为村庄中相对贫困群体与其他群体日常生活交往的疏离，与村庄村民仪式人情交往中的断裂以及村庄政治参与的缺席。

第五章：该章在前三章的基础上论述了区隔状态下贫困的再生产的逻辑与过程。贫困人口的公共价值正在区隔中遭到解构，失去公共价值的贫困人口进而丧失了参与社会竞争的动力，因此社会交往的动机进一步减弱，而这又将导致其人情圈不断萎缩。无法向社会网络借力的贫困人口逐渐在不断的弱势积累中再次陷入贫困，并构成了相对贫困的再生产。

第六章：基本结论及讨论。

第二章　社会区隔理论资源与相对贫困的再生产分析框架

第一节　区分的符号系统与社会区隔的意识

布迪厄借用文化来重新分割现代社会，通过工业发达社会中不同阶级或阶层的品味区隔的分析，尝试建构不同阶级的生活风格与其社会空间地位的相关度。社会区隔是既已存在的客观结构，也是在人为建构下生成的。当我们观察社会空间中不同层次的群体间的区隔作为既已存在的状态时，尽管社会并没有把他们划分为三六九等，生活风格作为一项可观测的指标，通过它可以窥见不同层次群体的分化，人们不愿意承认现实生活中存在着等级差别，但是却愿意承认，喜欢和自己背景相似的人待在一起。[①] 生活风格作为一种客观呈现是被建构的，同时，它们作为社会区隔的符号系统，可以建构区隔。在布迪厄看来，这种区分原则是在“斗争”中并出于“斗争”的需要而发挥作用的，一旦掌握这些区分的系统即拥有了“分离”的权力——区分、分隔、区别，“它从不可分割的连续性中产生隐蔽的单一性，从无差别中产生差别”[②]。布迪厄的区隔理论聚焦于文化的社会化如何把个体与群体置于一个竞争性的等级体系中，相对自主的斗争场域如何使个体与群体陷于争夺有价值的资源的斗争，这些社会斗争如何通过符号的分类得到折射，行为者如何通过各种策略获取利益，以及他们如何在这样做的时候不知不觉地再生产着社会的分层秩序。[③] 如此我们可以这样理解

---

① ［美］保罗·福塞尔：《格调：社会等级与生活品味》，石涛译，北京：世界图书出版公司，2011 年版，第 19 页。

② ［法］皮埃尔·布尔迪厄：《区分：判断力的社会批判》，刘晖译，北京：商务印书馆，2015 年版，第 758 页。

③ ［美］戴维·斯沃茨：《文化与权力：布尔迪厄的社会学》，陶东风译，上海：上海译文出版社，2006 年版，第 7 页。

区隔，生活风格既是区隔的体现，更是区分社会空间中不同层次群体的符号系统。区隔的最终目的是通过制造差别而再生产社会结构与秩序。

一、习性、生活风格、品味——作为社会区分的符号系统

习性这一概念来源于亚里士多德话语中的"素性"，它有着丰富的研究范畴史。布迪厄从潘诺夫斯基那里受到启发，赋予它不同的意义。[①] 在《实践的逻辑》一书中，布迪厄阐述了习性的基本特征：从性质上看，它是一个性情系统，即表现为感知、评判和行动的区分图式的系统；从存在的形式上看，它既植根于人的身体内部和心智（这一点体现了习性是被建构的结构），又在不同情境中扮演发生作用的活性因素；从发展形态上看，它在无意识的层面上既可以将外部影响因子内在化，又可以外化为行动者获得行动的意义和理由。[②] 概而言之，布迪厄在其区隔的论述中指出，习性既是客观上可分类的实践的发生原则，也是这些实践的分类系统[③]。

习性是如何通过实践进行区分的？以布迪厄的观点，是生活风格。

在这一点上，布迪厄借鉴了马克思以及韦伯对生活方式的分析，马克思指出个人的生活方式、活动性质不但不使个人成为社会的一个成员、社会的一种机能，反而使他成为社会的例外，变成他的特权。这种区别不只是个人的，而且凝结为一种特定的共同体。[④] 韦伯对身份和身份群体[⑤]进行了解释，韦伯将生

---

① 在探索这一概念的过程中，其涵义或重点也经历了迁移，如华康德认为，其重点从强调心智转向强调肉体。参见：皮埃尔·布尔迪厄，华康德：《实践与反思：反思社会学导引》，李康、李猛译，北京：中央编译出版社，1998 年版，第 304 页。而考皮（Niilo Kauppi）认为布迪厄一开始将习性与阶级联系在一起，后来又把它与特定的场域联系在一起，而到其晚期著作，此范畴具有比早期著作更富有弹性的用法。参见：Kauppi N：The Politics of Embodiment：Habits，Power，and Pierre Bourdieu，Frankfurt and Main：Peter Land GmbH，2000：37。

② Bourdieu P：The Logic of Practice. Stanford：Stanford University Press，1990：53.

③ ［法］皮埃尔·布尔迪厄：《区分：判断力的社会批判》，刘晖译，北京：商务印书馆，2015 年版，第 268 页。

④ ［德］马克思，恩格斯：《马克思恩格斯全集（第一卷）》，北京：人民出版社，1960 年版，第 346 页。

⑤ 本文以为韦伯所指的身份、身份群体与布迪厄在社会空间中试图区分的阶级是同一所指。

活方式作为身份群体的基础,[①]也就是说,同一身份群体的成员之所以具有相似的社会声望、地位,是源于他们长期相似的生活方式(除此韦伯还提到了教育、家庭与职业的熏陶,在布迪厄看来后两项是继承的资本)。“习性是客观上可分类的实践的发生原则,也是这些实践的分类系统(划分原则)。被表现的社会世界也就是生活风格的空间,就是在确定习性的两种能力之间的关系中形成的,这两种能力分别是产生可分类的实践和作品的能力与区分和评价这些实践产品的能力(品味)。”[②]生活风格作为习性系统的产物,通过各类的习性图式系统并在它们之间的关系中理解的生活方式,成为鉴别优越与低级等社会空间的象征体系。正如布迪厄所阐释的:“习性作为一个发生公式,使我们有可能既对可分类的实践和产品又对本身被分类的判断进行解释,这些判断将这些实践和作品变成了区分符号系统……不同的习性产生的实践表现为有系统的属性的整体特征,这些整体特征表现了客观上以有区别的差距系统的形式被纳入生活条件中的差别,这些差距系统被具有必要的认识和评价模式以便发现、阐释和评估其合乎情理的特征的行动者所领会,作为生活风格发挥作用。”[③]生活风格囊括了社会中不同群体/阶层的所有特殊偏好,这些偏好在一些象征物(如住宅、饮食、身体素养)的特定逻辑中表达的相同的表现意图,即展现自身与其他群体/阶层的关系,以及自己在场域中的位置。生活风格的每个维度都与其他维度一起发挥象征的作用,正如莱布尼茨所说的,一个年老的手工细木匠的世界观、管理收支的方式、时间或身体,措辞和服装选择,全都表现在他精细和完美做工、仔细认真、精雕细刻、尽善尽美的伦理中。品味,[④]则是支配或指导其行为的原则或一种“发生公式”。

---

① [德]马克斯·韦伯:《经济与社会(第一卷)》,阎克文译,上海:上海人民出版社,2010年版,第425页。

② [法]皮埃尔·布尔迪厄:《区分:判断力的社会批判》,刘晖译,北京:商务印书馆,2015年版,第268页。

③ [法]皮埃尔·布尔迪厄:《区分:判断力的社会批判》,刘晖译,北京:商务印书馆,2015年版,第268-269页。

④ 品味,布迪厄用来指“以直接的和直觉的方式判断美学价值的能力”,参见:[法]皮埃尔·布迪厄:《区分:判断力的社会批判》,刘晖译,北京:商务印书馆,2015年版,第165页。在布迪厄的《区分:判断力的社会批判》一书中,翻译为“趣味”一词,而在其他文献中有时也翻译为“品味”。在既有的研究中,没有对这两种翻译做具体区分,而国内的社会学研究者更多地使用“品味”而非“趣味”,故本文也采用“品味”一词。

与将差异性符号消费制造出差异和社会距离的观点不同，[①]布迪厄一方面肯定了消费行为对于阶级地位的象征关系，而另一方面他试图塑造“品味”这种隐匿于消费行为背后的微妙属性。[②] 如果说，生活风格是一部影片呈现出来的流动影像，那么品味就是将不同影像作为素材时剪辑过程中的原则和倾向。布迪厄将品味视作生活风格之根源的“发生公式”，即“一个确定的阶级对被分类的和能分类的客体和实践（物质的和/或象征的）占有的倾向和能力”[③]。“品味是与一个人相关的所有特点之间的相互配合的根源”[④]，因此“品味是将物变成区分的和特殊的符号……使被纳入身体的物质范畴内的区别进入有意义的区分的象征范畴内。品味通过在客观上被分类的实践的相互关系中并按照社会分类模式来认识这些实践的这种做法，将这些实践变成能够分类的实践，也就是变成等级位置的象征表现”[⑤]。

根据品味的本质属性，布迪厄将其区分为奢侈品味和必然品味。奢侈品味是“成为物质生活条件的产物的个体固有的，物质生活条件是由与必然的距离，

---

① 韦伯认为，消费方式的差异衍生出不同的生活方式，并最终促使不同阶级群体的形成。参见［德］马克斯·韦伯：《经济与社会（第一卷）》，阎克文译，上海：上海人民出版社，2010年版，第420页。凡勃伦进一步提出炫耀性消费是资产阶级用以彰显身份的手段，“贵族阶级为了体现出和资产阶级身份地位的差异，在消费时更加突出他们的贵族气质和品味。因此消费加剧了阶层的划分”参见：［美］凡勃伦：《有闲阶级论：关于制度的经济研究》，蔡受百译，上海：译林出版社，2012年版，第51页。让·鲍德里亚在《消费社会》中提出差异性符号的消费就是要制造生存等级。参见：［法］让·鲍德里亚：《消费社会》，刘成富，全志钢译，南京：南京大学出版社，2014年版，第12页。

② 这与布迪厄将资本区分为经济、文化、社会等资本的思想一脉相承。如布迪厄在《区分：判断力的社会批判》一书中不仅仅用经济一项指标区分不同层次的群体，还强调了不同层次人群拥有的经济资本、文化资本的差异性，如大学教授拥有的经济资本较工业家、大商人低，而文化资本量则远远高出该阶级。因考虑到文化资本变量，就不能只看到收入在其中起到的简单作用，而应挖掘被掩盖的物价背后的真正指导消费的原则，即品味。

③ ［法］皮埃尔·布尔迪厄：《区分：判断力的社会批判》，刘晖译，北京：商务印书馆，2015年版，第272页。

④ ［法］皮埃尔·布尔迪厄：《区分：判断力的社会批判》，刘晖译，北京：商务印书馆，2015年版，第273页。

⑤ ［法］皮埃尔·布尔迪厄：《区分：判断力的社会批判》，刘晖译，北京：商务印书馆，2015年版，第274页。

即资本拥有所保证的自由”①,而必然品味“通过与必然的配合本身表现了必然”②。可以如此理解,奢侈品味是基于消费的自由选择,而必然品味是基于消费的没有选择的选择。“必然的品味只能产生一种自在的生活风格,这种风格只是由于匮乏,才被它与其他生活风格形成的被剥夺关系从否定方面这样确定”③。奢侈品味与必然品味的对立可以细分为许多方面,布迪厄以品味指引下的消费结构,食物、文化与展示自我和外表的消费作为区分的方式。布迪厄认为,资产阶级的品味通过否定工人阶级的“必然品味”来定义自身。工人阶级的品味实际上被描述为对康德美学的一种倒置,这种品味中,形式服从于功能,实践唯物主义是民众伦理学的一个最基本构成因素。如布迪厄通过对社会不同层次群体的食物消费结构的比较发现,在社会中处于最贫困状态的民众阶级是“最不懂得生活的人”,是在物质粮食尤其是在含有最多脂肪、最增肥的食物(如面包、土豆和油脂等)上花费最多的人,而相对来说职员消费面包、猪肉、猪肉食品等较少,而在牛肉、新鲜蔬菜上更多。食物消费所反映的远不止个人偏好这么简单,正如上面提及的两类群体的消费中,正体现了懂得为了将来的欲望和满足而牺牲眼前的欲望和享乐的“节制”品味(职员)与民众阶级自发的唯物主义对立。

二、“竞争”或“放弃竞争”——社会区隔的意识

布迪厄并不止步于绘制一幅社会位置、品味及其关系的地图,他显然更注重品味、生活风格背后的力量,与其关系性思维方式一脉相承,在场域中具有相同或相近条件、位置并受到相近约束的社会集合体可看作一个阶级或阶层群体,不同阶级间运用各种策略来维护或改变其在场域中的位置,并由此产生竞争行为。作为包含各种隐而未发的力量和正在活动的力量的空间,场域同时也是一个争夺的空间,这些争夺旨在继续或变更场域中这些力量的构型④。在逻辑学上和社会学上密不可分的划分原则是在斗争中并出于斗争的

① [法]皮埃尔·布尔迪厄:《区分:判断力的社会批判》,刘晖译,北京:商务印书馆,2015年版,第279页。

② [法]皮埃尔·布尔迪厄:《区分:判断力的社会批判》,刘晖译,北京:商务印书馆,2015年版,第279页。

③ [法]皮埃尔·布尔迪厄:《区分:判断力的社会批判》,刘晖译,北京:商务印书馆,2015年版,第281页。

④ [法]皮埃尔·布迪厄,华康德:《实践与反思:反思社会学导引》,李猛,李康译,北京:中央编译出版社,1998年版,第139页。

需求而发挥作用的[①]，品味本质上是一种文化的产物，被权力因素灌输和影响。权力意味着一种支配关系，垄断或限制行动者的选择范围。人们从被分配的社会地位中，通过文化资源、文化过程以及文化机构生产和再生产出这种能力和关系。[②]

品味从表面上看是由生理体验或需求驱动的，而此驱动在现实路径下受权力作用的裹挟。它由社会等级结构生成特定类型的强制性规则，从而在思想和情感上形成隐蔽的压制性关系——通过塑造认知模式、价值观念以及文化心理，形成与权力指标相匹配的文化身份。社会空间中处于优越地位的群体，通过彰显"奢侈品味"这种文化资源，塑造竞争规则，并使得自己的社会权威得以合法化地维持下去，制造了分化。而社会空间中的其他群体可以通过追随、参照这种被标榜的品味塑造自身，以在竞争中占取理想的社会地位与声望（这部分进入追逐赛的人，通过参与竞争的做法，就相当于暗中承认了他们追赶的人所追求的目标的合法性），从而有希望参与与优越群体的互动，和他们"打成一片"；也有一部分人，因与"奢侈品味"距离太大，无论怎么尝试都始终无法适应这套"通行"的竞争规则，因为无法融入优越地位群体的生活，无法进入他们的交际圈，在被塑造的社会区隔中逐渐被社会边缘化，从而自我区隔，退出竞争。在这个过程中，充分展现了社会区隔是社会分化的产物，同时，又构成了分化再生产的机制。本研究就将以社会区隔为视角，通过借助"品味"、"生活风格"工具，在捕捉村庄不同层次群体的生活风格的基础上，进一步挖掘、把握案例村社会区隔的真实图景，沿着贫困群体被区隔与自我区隔的历程与生活路径，最终找到贫困再生产的逻辑与机制。

第二节　相对贫困的再生产：社会区隔与自我区隔的分析框架

区隔是一种社会建构，其最初是由场域中占据优势地位的群体制造分区、差异，为维护自身优越位置而塑造的距离。而处在不同地位的群体不是被动、僵硬的规则适应者，深受结构影响的他们同时也是能动的个体，基于对改善自身处境的动机，他们会争取在场域中制造上升的轨迹或避免"降级"的风险。当

---

① ［法］皮埃尔·布尔迪厄：《区分：判断力的社会批判》，刘晖译，北京：商务印书馆，2015年版，第758页。

② ［美］戴维·斯沃茨：《文化与权力：布尔迪厄的社会学》，陶东风译，上海：上海文艺出版社，2006年版，第136页。

某一群体为改善自身条件的尝试失败后，面对降级的风险，会转移可能发生的“挫败感”，即将自身隔离于竞争体系之外，继而丧失改善生活的动力，进一步陷入贫困。笔者即是在这一思路下建构社会区隔与自我区隔从而导致贫困的再生产的研究框架。

一、分化视域下的村庄场域日常生活风格呈现

社会分化可以说是区隔研究的逻辑起点，在场域中位于不同位置、被置于不同条件并受到不同约束的行动者主体因生活处境不同、习性差异而分化成为不同阶层/群体成员。不同阶层/群体成员在村庄场域中的日常生活表达与互动构成了其关系建构以及在关系中自我身份建构的基本路径。本研究并不旨在集中笔力探讨农村社会分化的生成机制和演化路径，而是将社会分化状态作为研究的逻辑起点。关于社会分化的研究（在学界通常称作阶层研究）主要分为实体论范式和关系论范式。实体论范式将阶层视为一种既定的结构，聚焦于社会系统中社会成员之间的构成方式和比例关系，依据某些特定的原则、标准和方法对社会成员的阶层归属进行划分，从而确定各个社会成员在社会结构中的位置。阶层实体论研究范式在目前中国学术界采用得较多，不过其也有不足，如较容易忽略农村阶层间复杂的关系互动，以及很难把握这种关系互动所形塑的农村阶层结构、社会结构和政治现象。而关系论范式则更多地采用微观的研究方式，即具体到场域、关系和事件中去窥探阶层关系的实践机制，通过观测不同阶层在关系互动中所凭借的资源和策略，检测具体的互动过程、互动模式及各阶层的行为逻辑，从而对不同阶层群体的社会轨迹进行分析，而贫困群体与其他阶层群体的互动过程（区隔过程）以及其在互动机制作用下的社会轨迹正是本研究想要探讨的问题。

（一）农村阶层/群体分化的实体研究及缺陷

传统的社会分层理论主要有两大理论传统，即马克思的阶级理论和韦伯的多元分层理论。马克思认为阶层分化的形成需经历“自在阶级（Class in itself）”与“自为阶级（Class for itself）”两个阶段。经济条件首先把大批的居民变成工人。资本的统治为这批人创造了同等的地位和共同的利害关系。所以这批人对资本来说已经形成一个阶级，但还不是自为阶级。在斗争中，这批人逐渐团结起来，形成一个自为的阶级，他们所维护的利益变成阶级的利益。[①] 韦伯则从

① 中共中央编译局：《马克思恩格斯选集（第一卷）》，北京：人民出版社，1972 年版，第 159 页。

保守的功能主义立场出发，确定了社会分层的三个基本维度：财富和收入维度（经济地位）、权力维度（政治地位）和声望维度（社会地位）。韦伯用“身份群体”指代“阶级”，他指出身份群体的形成首先由于人们的生活方式，尤其是他们的职业类型——“自封的”或职业的身份群体，其次是通过世袭的超凡魅力。[①] 韦伯的多元分层理论构成研究阶层分化的实体论视角的理论基础。在之后的研究中，多元分层理论被逐渐简化，如权力被简化为政治权力，等级身份被简化为声望，由此，在多元分层的理论取向上社会群体的分化主要被视作由市场决定的职业地位和收入上带来的分化。职业分化也成为我国对农村社会阶层分析考量的主要指标，就有许多学者将我国农村分化的起点视为改革开放以后农民职业选择的分化。[②] 20 世纪 80 年代末，陆学艺、张厚义依据职业、使用生产资料的方式和对所使用生产资料的权力，将农民划分为农业劳动者、农民工、雇工、农民知识分子、个体劳动者和个体工商户、私营企业主、乡镇企业管理者以及农村管理者阶层，由于该划分较符合当时我国农村的情况，得到许多学者的借鉴和运用。[③]

实体论较为强调社会秩序及其维系，且侧重于社会阶层的宏观分析。在结构-功能主义的指引下，实体论的农村阶层/群体研究将研究对象置于统一的社会结构中，以不同的标准将结构划分为若干具体的阶层，以此解释分层的因果关系以及各阶层的实然状态。这种阶层等级结构可以展示稀缺资源占有的不均衡性，但它仍然是平面的，容易忽略实存于阶层结构内部的紧张与矛盾，甚至还有可能忽略存在于阶层之间的关系形态和模式。另外，实体论研究大多只在表层论及各阶层的状况、比例、特点以及分层的原因、后果和特性，而缺乏对社

---

① [德]马克斯·韦伯：《经济与社会(第一卷)》，阎克文译，上海：上海人民出版社，2010 年版，第 425 页。

② 职业分化作为农村社会分化的分析着力点是许多学者采纳的路径，如邹农俭强调了职业转移对农民经济收入的质的改变，因而提倡将职业转移作为研究农民身份转变的逻辑起点。(参见邹农俭：《论农民的阶层分化》，《甘肃社会科学》2004 年第 4 期。)张文宏认为社会分化主要表现为职业分化，他指出不同群体在劳动力市场和组织中处于不同的竞争性地位，因而彼此之间形成了不同的权力地位和权力关系。(参见张文宏，刘永根：《社会分化、生活体验与阶层冲突的主观建构》，《社会科学战线》2017 年第 1 期。)如学者张洪伟，金卓认为从职业的多样化变迁以及由此带来的农村阶层分化能使我们更清楚地把握农村社会成员负担问题的不均衡性特点。(参见张洪伟，金卓：《我国农村阶层分化的历史变迁及其特点》，《前沿》2011 年第 5 期。)

③ 陆学艺，张厚义：《农民的分化、问题及其对策》，《农业经济问题》1990 年第 1 期，第 16-21 页。

会内部分化和紧张关系的揭示。[①] 而只有在动态、立体的阶层关系研究中，才得以分析村庄中不同阶层/群体的互动状态以进一步观察相对贫困群体与其他群体的区隔状态。

(二)关系主义范式引入与日常生活风格考察

关系主义范式考察的是具体的群体关系，即处在一定地位结构中的社会成员之间的交往关系与互动模式，侧重于对阶层之间的关系性质、状态与方式的定性分析。[②] 有学者对实体论范式和关系主义范式下的阶层研究做了具有启发性的说明，他认为许多关于农村阶层结构的研究都是平面的，这类研究停滞于对阶层等级结构的"配置性"探讨，是对资源占有状态的标识结构。而阶层间在交互过程中会形成相对稳定的、固化的行为模式和互动策略，最终会型构出一种有规律可循的关系结构。等级结构是以资源占有的多少来划分阶层的位置和地位，而关系结构是在关系中体现差别，它也与资源占有有很大关系，但是资源并不在所有阶层的关系中都具有主动性。在阶层结构中，存在着多对阶层间的交互关系，并非每对阶层关系的社会关系都较好，而是有的阶层之间社会关系较好，而与另一个阶层关系一般或者很差，或者与另一个阶层没有关系。[③] 有一点值得确定的是，受欢迎的阶层在社会关系的处理中会更游刃自如，而处在边缘状态的阶层在与其他阶层建构关系时则显得相对被动。

本研究将采取关系主义范式展开对村庄中的贫困群体与其他群体关系的研究，实现研究视域向具体经验的下沉。相较于阶层结构的宏观分析，关系研究分析具体的阶层关系，因而也更多地具体到场域、关系和事件中去窥探阶层关系的实践机制。

具体而言，本研究将以经济收入辅以职业作为村庄分化的基础，而在不同阶层/群体的关系、交往、互动的研究中采用对其日常生活风格实践的窥探与深描。一方面，经济资本的拥有量影响着社会成员的行动、交往逻辑，但它并非是决定性的力量。而另一方面，经济资本可以展现不同社会群体/阶层的差别和

---

① 如有学者批评，以往的社会分层研究基本上是静态的或描述性的，都是在类型学意义上从不同角度解读中国社会分层的现状，分析影响中国社会分层的各种要素，缺少关系性的社会分层研究，因而只适合于分析社会的"表层结构"。参见仇立平，顾辉：《社会结构与阶级的生产：结构紧张与分层研究的阶级转向》，《社会》2007 年第 2 期，第 26-51 页。

② 周晨虹：《近年来关于阶层关系问题的研究述评》，《唯实》2007 年第 2 期，第 11-16 页。

③ 杨华：《建构农村阶层关系研究概念体系》，《华中农业大学学报(社会科学版)》2014 年第 5 期，第 83-90 页。

社会距离，而不能帮助我们观察以揭示这种社会交往距离产生的微妙机制。所以我们需要借助更加微观的工具深入村庄日常生活场域，以把握分化下的群体之间的行动逻辑。布迪厄的文化分层研究为本研究提供了思路，文化是一种区分阶层的象征性体系，他把生活方式、品味等纳入文化的分析要素中，运用品味区隔的新命题进行生活方式研究，启发了本研究开启生活方式研究的思路。

在具体区分统治阶级与工人阶级的指标上，布迪厄具体考察了食物、文化与展示自我、外表（服装、美容、化妆品）三个主要项目，并一一给出了解释：首先，布迪厄创造性地将食物的口味、数量、进餐的形式与不同阶层群体的品味以及其在社会空间中的象征作用相关联。如布迪厄认为，在食物菜肴的口味上，通过做菜方式与家庭经济和性别之间的劳动分工的整个表象相关联：对经过烹调的菜的喜爱与女性角色的一种传统观念有关，因为这种菜要求投入很多时间和精力，因此在这方面民众阶级与统治阶级之间的对立特别明显，在统治阶级中，妇女的劳动具有很大的商业价值，妇女想把时间首先花在照顾孩子和传承文化资本上，如此，追求做菜时间和劳动力的节省与追求食物的清淡和低热量相结合，统治阶级倾向于选择沙拉、速冻食品和酸奶。另外，在食物方面的品味与个人关于身体、健康等观念相关，关注体力超过体型的民众阶级，倾向于寻找既便宜又能补充体力的食物，而自由职业者倾向于选择有益健康又不至于增肥的。其次，布迪厄将外表打理、服饰等纯粹外表的差别提炼出“社会姿态”而被赋予社会意义。他指出，有意识地对身体进行改造，通过一系列美容标志或衣服标志进行改造，这些标志依靠有可能被投入到当中的经济和文化财产成为社会标志，这些社会标志从它们在区分的符号系统中的位置获得它们的意义和价值。于是存在一个身体的等级空间，该空间除了生物学的偶然性以外，倾向于按照它自身的特定逻辑再生产社会空间的结构。在从文化项目对统治阶级与民众阶级进行区分时，布迪厄具体考量了文化项目中的图书、报纸、文具、唱片、体育运动、玩具、音乐、演出等。他认为文化消费在生活风格空间中确定自身，为了全面构造这个空间，应该针对每个阶级和阶层，建立习性的发生公式，这个发生公式通过一种特定的生活风格传达了这个生活条件（相对）一致的阶级特有的必然和便利，因此决定了习性的配置如何在每个重大的实践领域特定化①。就体育运动而言，布迪厄认为在某些时候，体育运动是少数人的专利，对公平游戏的崇拜不过是导致实现了基本上起区分作用的运动真理，当某些运动并不总能彰显运动者的独特性的时候，那些试图将自己的身份地位与他人区别开来的

① [法]皮埃尔·布尔迪厄：《区分：判断力的社会批判》，刘晖译，北京：商务印书馆，2015年版，第323页。

人会通过他们与某些运动的距离来体现他们的优越感，而这些运动也会因“它们体现的盲从的保守主义外表”而遭到贬值。另外，布迪厄强调了“非经济门槛”即一种文化资本在体育项目中的重要性，如尽管在高尔夫、滑雪、快艇等运动中，经济资本明显起着重要的分化作用(它总是体现为一种贵族运动)，而更为隐蔽的“入门费”或“入场券”则是“家庭传统和早期训练甚或仪表和严格的社交技巧”①。

布迪厄的一套区分方式直至今天来看依然有值得借鉴之处。首先，可以说在布迪厄之前，学者们习惯于以马克思的生产资料的占有关系或韦伯的市场地位群体概念来探讨社会资源与生活条件的分配，从而建立一个由收入、财产、职业声望、权力与教育所构成的“垂直式层阶”。在社会生活逐步“多元化”与“个人化”的趋势下，这种“垂直式层阶”的研究方式逐渐受到质疑，越来越多的研究者注意到“水平的”——区域间、性别和年龄间、种族的分化。布迪厄的《区分：判断力的社会批判》则以一种生活风格研究修正了传统的阶级/阶层社会学研究的主张。本研究的对象村庄场域中生活的群体在城镇化力量推动与国家扶贫资源下沉的双重作用下职业、收入、经济条件出现分化的端倪，生活方式、消费方式也逐渐多元化，并体现出群体与个体间的差异化，基于此，从不同群体的生活风格着手，有利于我们深层次把握其间的社会距离与区隔。结合实地调研的具体经验，本研究采用饮食习惯及形象外表管理、文化以及居住模式和空间配置②四项作为案例村不同群体生活风格的区分指标。

二、“社会区隔—自我区隔—相对贫困的再生产”分析框架的建构以及逻辑关联

本论文的主要目标是建立一个理想的社会区隔的理论框架，并用该框架阐述相对贫困的再生产的逻辑与机制。具体而言，本文构建的社会区隔与相对贫困再生产的分析框架由区分的符号系统、区隔的意识、区隔的外化与相对贫困再生产的实践过程等部分构成(见图1)。

区分的符号系统呈现的是相对贫困群体与其他群体日常生活风格的分化，日常生活风格呈现是探讨相对贫困群体与其他群体分化的逻辑起点。具体而

---

① [法]皮埃尔·布尔迪厄：《区分：判断力的社会批判》，刘晖译，北京：商务印书馆，2015年版，第336页。

② 居住模式和空间配置并未被布迪厄列为区分的项目，这和布迪厄的研究视域：20世纪80年代法国社会阶层的具体背景有关。然而在笔者实际调研经验中，结合中国农村居住模式的传统背景和演化特征，笔者认为该项为能充分体现村庄中不同群体之间分化的重要指标，因而将此纳入区分的范畴。

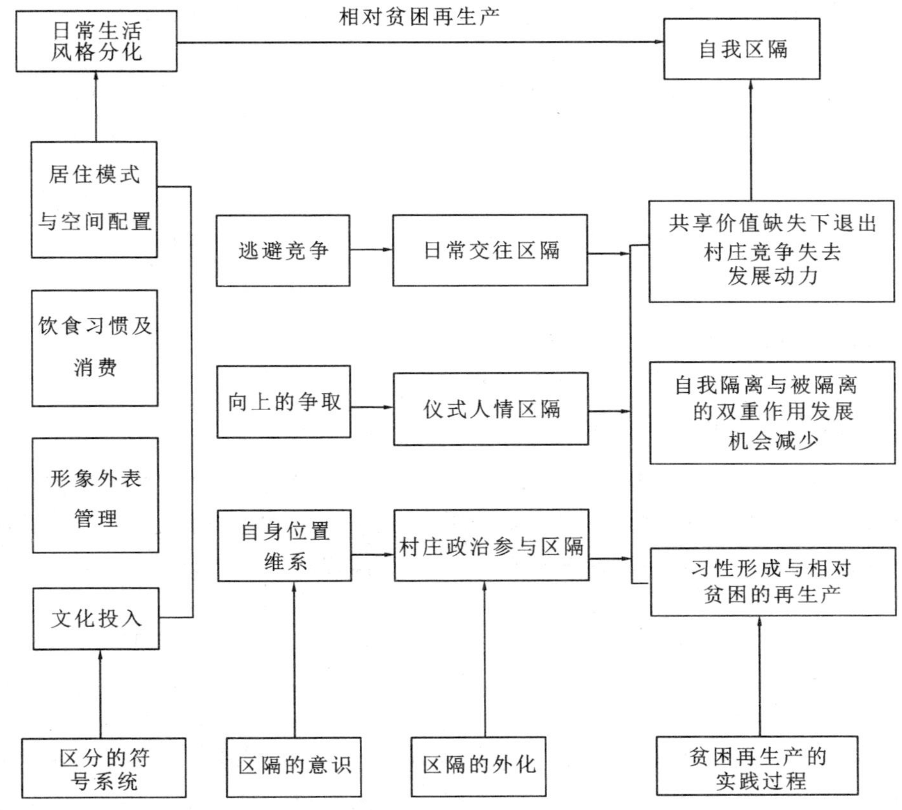

图 1 “社会区隔—自我区隔—相对贫困的再生产”分析框架

言，笔者采用居住模式与空间配置、饮食习惯及消费、形象外表管理、文化投入以作为案例村不同群体生活风格的区分指标。区隔是有意识的产物，社会区隔具有差异性和优越性的双重特性：在社会空间中占据优势地位，或对自身文化抱以优越感的人，会通过维持自身的感知和生活方式，并在其与其他群体共同所在的场塑造出有利于自身的竞争性等级体系（通过彰显其“自由品味”或“奢侈品味”塑造竞争规则）从而强化社会区隔；而社会空间中的其他群体可以通过追随、参照这种“被标榜”的品味塑造自身，以在竞争中占取理想的社会地位与声望。一部分中间群体通过自身努力与参与竞争，得以和富人群体“打成一片”；也有一部分群体，因与“自由品味”距离太大，无论如何尝试都始终无法适应村庄中“通行”的竞争规则，在被塑造的社会区隔中逐渐边缘化。这种边缘化也非单向性活动，面对在竞争场域中“降级”的风险，相对贫困群体可能会转移将产生的“挫败感”，从而将自身隔离于竞争体系之外。这种区隔的意识在一个具体的村庄中体现为相对贫困群体与其他群体日常交往的区隔，仪式人情中的区隔以及村庄政治参与区隔。相对贫困的再生产就是在被区隔与自我区隔中形成的，具体的过程表现为在区隔的第一阶段，相对贫困者共享价值缺失下退出村庄竞争从而失去发展动力；区隔的第二阶段，被隔离与自我隔离的双重作用，相对贫困者的发展机会减少；区隔的第三阶段，相对贫困者习性的延续与贫困的再生产。

第三节　村庄背景与村庄分化素描

一、村庄背景

（一）村庄所属地域发展背景

本文以位于山东省菏泽市曹县的L村为个案。每个村庄都是嵌入其所属更高层次的地域中的，因而考察一个村庄，我们不仅需要深入村庄内部，在此项工作之前，我们还应该对其地域属性做一个统揽式的了解，以更好地把握村庄发展的背景。

本研究案例村L村位于山东省菏泽市曹县。菏泽市国土面积和人口总量分别占全省的7.8%、9.6%，是省内的地域大市、人口大市，而经济总量和人均收入在全省中则位于较低水平。菏泽市社会经济发展水平相对滞后的背后受历史与地缘因素影响较深：首先，相较于东部沿海地区，菏泽市受近代工业文明影响在时间上晚、强度上弱。由于东部沿海地区拥有对外通商便利、投资环境好等优势条件，这逐步演变为山东东部沿海和西部内地之间发展差异的基础。1904年建成的胶济铁路和19世纪末贯通鲁西的大运河的淤浅，山东经济重心进一步向东部沿海转移，直至全国解放之时，西部内地的经济发展都落后于东部沿海。相关数据或许可以证明：1905年菏泽地区的工业企业数量仅有15个，职工115人，总产值427万元，同期，在东部沿海的烟台，工业企业数量为123个，产值4718万元，是菏泽市工业企业总产值的11倍。① 其次，近代发生于山东省的大规模的战事主要位于西南部，菏泽地区毗邻数省，历来为兵家必争之地。近代以来，菏泽境内的战事连年不断，如1886年发生的捻军与清军的曹州高楼寨战役，1927年国奉争夺曹县的战役等，前后80多年间共发生大的战事

① 山东省地方史志办公室：《山东省东西部差距是如何形成的——兼论菏泽地区经济长期滞后的历史原因》，《山东经济战略研究》2000年第1期，第21页。

12 次之多。[①] 再次，菏泽地区受自然灾害频繁，尤以黄河水灾为重，从 1912 年到 1947 年的 36 年间，黄河决口 26 次，也就是说平均 1.3 年就会发生决口水灾。菏泽地区的人民现在还存留着重消费、轻积累的价值观念。除此，菏泽长期受匪患侵扰，社会经济和社会生活都遭受到极大的危害。总结起来说，落后的工业发展，严重的匪患以及频繁的战事和水灾等客观因素构成了菏泽地区发展的重要阻滞力量。

在脱贫攻坚阶段，菏泽是山东省贫困人口最多，脱贫任务最重的地区。截至 2017 年底，菏泽市贫困人口为 8.89 万户，18.55 万人，占山东省的 51.2%。2019 年底，菏泽市已摆脱绝对贫困。菏泽市村庄性质与发展(分化)程度与位于同省沿海地区以及其他地区经济发展程度较高的村庄具有不同的发展路径，也呈现出不同的分化特征。相比之下，L 村的发展程度和综合情况更接近中部地区一般村庄的水平。

(二)市场发育与村庄发展

L 村位于菏泽曹县魏湾镇西北 1.5 公里，辖 6 个村民小组，376 户，1332 人。全村耕地面积 1983 亩，其中旱涝保收田 1174 亩，旱地 205 亩，人均耕地面积仅为 1.03 亩。农作物主要为小麦、玉米及辣椒等传统经济作物，由于物产不丰，耕种方式相对落后，务农收益低下。

1.20 世纪 90 年代初期，大量村民向城镇寻求工作机会

改革开放以来，生产资料所有制结构的变革、家庭联产承包责任制的实行、人民公社制度的结束和户籍制度的松动，可以说是全国农村居民生活转变的重要基础。非农产业与城镇化、市场化的发展，为 L 村农民提供了新的生存与发展的空间。山东东部地区凭借区位、人才、技术优势承接了大量国际转移产业，经济得到较快发展，这为同省内陆地区的人口带来了大量的就业机会。另外，L 村处于平原地带，距县城、市较近，交通方便，也为其外出务工提供了便利契机。据 L 村村支部李书记估测，该村 30—50 岁年龄阶段的男性有过外出务工经历的占其总数的 80%以上，其中有过跨市务工经历的达 50%，主要去往威海、烟台、青岛(胶州)、济南等地，从事的领域主要为建筑业、工厂加工业、餐饮业等。进城务工打开了 L 村村民增收的路子，但无法转变村民谋求家庭及个人发展、从传统走向现代化的观念，外出务工的村民仍然离不开传统的乡土，放不下以土地为媒介的农业生产方式以及以土地为基础的从心从俗的文化心理和生存

---

① 山东省地方史志办公室：《山东省东西部差距是如何形成的——兼论菏泽地区经济长期滞后的历史原因》,《山东经济战略研究》2000 年第 1 期，第 21 页。

秩序。尽管经历了背井离乡，守土、守乡依然是L村村民遵循的行动逻辑。

“那时候大部分外出务工的村民都是以打零工为主，一年在外踏实干不到半年，农忙季节还要回来管地。大家都死死守着自家的区区几亩田地，都知道种上几个月的收成可能还没有外出打一个月的工多，不管种地的效率高还是低，都不会放弃自家的田地，不肯转给村里或邻居。在外面娶媳妇的人也很少，基本上都是年轻时候出去打会儿工，到了结婚的年纪，家里就托村里或周边的亲戚介绍一个对象，有的回来相了亲，结了婚，也就不再出远门(打工)了”。(20180724-LDS-49岁)

2. 21世纪初，城镇化发展，L村个体经营、家庭作坊兴起

21世纪初，L村所属的菏泽市迎来工业发展的契机，对于山东省部分发达城市来说，土地、能源供应日趋紧张，劳动力成本上升，产业升级压力增大，对能源资源型、劳动密集型产业形成了“挤出效应”。对于菏泽市来说，一方面，处于较低经济梯度的劣势使其有承接产业转移的需求；而另一方面，菏泽具有生产要素优势，具备承接产业转移的能力。随着“突破菏泽”战略的落实，菏泽逐渐形成了一批有较大影响力的传统产业集群。L村所属的曹县的纺织产业、木材加工产业等得以兴起，城镇化的进程打开了L村村民劳动力转移、产业转移的新路径。部分村民把握了城镇化契机，自己做起了“小老板”，利用自家土地以及租赁其他用地从事木材加工、服装加工、辣椒加工以及粮食收购站、商混站、超市经营。L村村民的生产活动与收入也同个体经营的发展存在紧密关联。

案例2-1：

在云南做了三年边防武警又辗转云南瑞丽打工(司机)八年，2008年，WZG返乡，有了云南的生活体验和一番市场考察，他决定在自己的家乡推广种植辣椒。他提前联系了四川的客户，村中有九户农户(共计13亩地)与他签订了协议，即由他统一收购，保证每亩地至少产生2000元收益(当时大部分农户种植小麦、玉米，一亩地收入在500—1000元之间)，最后每亩地收入超过2000元。2009年，全村便有100多户(占全村总户数的三分之一)投入到辣椒种植中。2010年，WZG在村里成立了合作社，投资100万元左右搭建了两条粗加工辣椒烘干线，同年L村的辣椒种植达到了600多亩(占全村总耕地的三分之一)。截至笔者调研时间(2018年8月)，WZG的合作社已具备完整的辣椒种植-收购-加工-销售产业链，发展出自己的辣椒酱品牌——“鲁

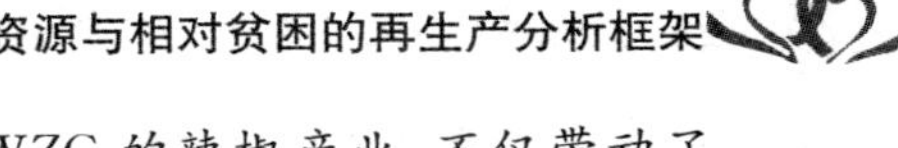

红”调味品公司，年产辣椒酱3000吨。WZG的辣椒产业，不仅带动了该村100多户农户通过农业生产增收，也为该村十余位村民提供了辣椒加工生产线岗位。

一批个体经营者在产业的发展中崭露头角，也有一部分村民把握住了发展时机，加入到优化生产方式、增收的队伍中，L村村民的经济收入初步呈现出分化的特征。

3. 2010年至今，扶贫政策引领与电子商务的市场化带动，L村村民发展路径多元化

L村李书记介绍，该村近十年经济发展实现了比较大的跨越，村风村貌都得到一定程度的改善，主要源于两个契机。一是曹县“淘宝村”①的推广，二是近两年在全市遍地开花的扶贫车间②的启动。因具备服饰加工传统以及充足的劳动力资源，曹县大集镇的丁楼村、张庄村于2013年成为淘宝村，截至2016年年底，曹县共发展淘宝村48个，淘宝镇6个，涉及电商从业人员14.7万人，网店4.5万家，成为全国第二大农村淘宝村集群。全县电子商务发展的市场氛围和政府主导推广下的扶贫车间也带动了L村村民的创业意识以及返乡就业热潮。截至笔者调研时间，L村形成一定规模（年收益达到30万元）的个体经营服装加工作坊（厂）就有四家（其中一家服装加工厂为该村常年在外务工的青年返乡创业），工艺品加工厂一家。除此，还有几位村民做起了微商。另外，L村于2018年在村东头承建了两处占地共800平方米的扶贫车间，主要运营项目为包装袋加工。个体经营规模的扩大也吸纳了当地不少闲置劳动力，为该村村民开辟了“离土不离乡”的生活、生计模式③，作为村民们共同生活的地缘性场域，村庄的自然边界呈现出对外开放性，而社会边界则呈现出相对的封闭性，因而当

① 淘宝村是指活跃网店数量达到当地家庭户数10%以上、电子商务年交易额达到1000万元以上的村庄。2013年阿里巴巴发布了20个中国淘宝村，菏泽市曹县的丁楼村和张庄村在列。

② 扶贫车间即是指建设在乡、村，以不同类型的建筑物为生产经营活动场所，以壮大贫困村集体经济、解决贫困人口就地就近就业为目的，以从事农产品初加工、手工业、来料加工经营等劳动密集型产业为主要内容，实现贫困人口增收脱贫的就近就业扶贫模式。参见：山东省扶贫办文件《精准扶贫　扶贫车间》地方标准。菏泽市的扶贫车间就业模式推广面积大、成效高，在全国来看都有一定影响力。

③ 作坊、工厂以及扶贫车间建址据村部都较近，哪怕是住在村边缘的村民，骑电动车到工作场地也只需十分钟左右，步行半小时左右。因作坊、车间通常按件计劳动报酬，因而对于村民来说工作时间相对灵活，可同时兼顾看管、照料家中孩子与老人。一般每日工作8小时左右的熟练工，月收入在3000元左右。

地村民的生活范畴依然属于熟人社会的范畴，这成为本研究后面将要讨论的村庄分化的前提。

> 这几年发生在咱们村明显的变化是，白天你可以看到村里公共活动空地上闲聊的主要都是上了年纪、丧失了劳动力的老人，很难见到年轻妇女和中老年的身影。在之前，只要不是农忙季节，总可以看到成群的人围在这里开小会的。现在能去工厂里干活，挣生活费改善自家生活条件，谁还乐意在这儿浪费时间呢。真有人想在这消磨时间也不太可能了，找不到可以扯闲话的同龄人啊，都去干活了。(20180724-LDS-49 岁)

曹县产业集群式的发展改变了许多村民的生产方式，生产方式的变革所带来的不仅仅是人们生计方式的变化，更是围绕这一生产方式的人们的生活逻辑和行动逻辑的变化，及至生活风格的变化。L 村所在的魏湾镇，2010 年时还只有一家 300 平方米左右的超市，可供当地居民娱乐、消费的场所也寥寥无几。而至 2018 年，魏湾镇的主街区则开了四五家规模为 1000 平方米左右的大型购物超市，以及近 20 间各地风味特色的餐厅，还有品牌服饰店、KTV、足浴城、乐器店、婚纱摄影影楼、母婴店、儿童娱乐城、少儿艺术培训学校等场所。消费品类和形态呈现出的多层次化和多元化，从某种程度上也反映了村民在消费需求和生活风格上分化的特征。

二、村庄分化素描

愈加开放的市场与就业、创业契机带来了村民生产、就业方式的多元化以及收入的差异化，传统农业社会时期村民之间高度均质化的状态被打破。结合笔者在 L 村的访谈与观察以及几位村干部的经验估计，我们将 L 村分化的情形判断如下(见表 1)：根据 L 村村民的经济收入及拥有资产情况，我们可将其划分为富人群体、中间群体与社会底层(即贫困群体)。L 村富人群体主要为中等及以上的私营企业主，年收入在 30 万元左右，这部分家庭占到全村总户数的 10%。中间群体主要为从事较小规模的个体工商户、家庭作坊以及外出务工人员(有一定技术)，家庭年收入在 3 万到 15 万之间，这部分家庭占据 L 村总户数约 60%。L 村经济收入最低的群体[①]主要从事农业生产或普通打工者，也包括

---

① 在表格中呈现为“底层群体”，本研究意不在揭示中间、底层的垂直式社会地位，这种底层表述主要指代经济状态。本研究将这部分人视作贫困群体，其贫困并非严格按照国定贫困线标准界定下的贫困，而是一种基于村庄总体情况的相对贫困。

家庭中没有劳动力的老弱病残群体，年收入在 3 万元以下，这部分人大概占全村总户数的 30%左右。

表 1　L 村社会分化情况[①]

分化群体	家庭年收入(元)	生计模式	比重	关系自主程度
富人群体	30 万左右	中等及以上的私营企业主等	10%	关系主导
中间群体	3 万—15 万[②]	较小规模的个体工商户、家庭作坊、外出务工者(有一定技术)	60%	关系自主或依附
贫困群体	3 万以下	农业生产、老弱病残、普通打工(低技术或打零工)	30%	关系依附或脱嵌

(一)富人群体素描

根据上文对 L 村经济发展背景的梳理，L 村经济收入最可观的一部分群体的创业期主要在 2000 年左右，至今积累了近 20 年的奋斗历程。这部分人的年龄主要在 35 岁至 50 岁之间，有着相对丰富的人生经历：外出务工习得所在领域的技术以及管理经验，辗转多地或社会交往接触面相对打开，积累了创业所必需的社会资本以及与各界打交道的社会能力。他们经营的产业(项目)或多或少会吸纳当地村民为工人或合作方(事实上大部分为其务工者都来自 L 村)，可以说，这部分人的社会关系网络最为发达，在地缘圈最有声望，也最有话语权，业缘圈与趣缘圈最广泛。故在判断其和村庄其他群体的交互关系时，可以说他们居于关系主导性地位。即他们通常在社会交往中占有主动权(愿意和他们来往的人有很多，而是否与其来往取决于富人群体自身)，他们也有参与村庄公共事务的积极性和号召力。他们的生活方式与风格很容易与其他群体产生区分，也成为村落的“风向标”即为其他群体所学习、效仿。

---

① 通过 L 村社会分化情况表，笔者所要展示的是 L 村村民之间分化的基本事实，可以说富人群体、中间群体和底层(贫困)群体是笔者根据具体的经验资料对复杂村庄进行的简化，属于一种理想类型的概括。在数据的精准性程度上可能较弱，但是不影响本研究追求的关系呈现。

② 单纯从表中收入数据来看，收入 15 万—30 万之间出现了断层，并不代表 L 村没有家庭收入在此区间范围内的，而是这一部分收入群体非常小，对于本研究来说，不具有统计呈现和比较的代表性。对此，笔者采用了将其纳入与其收入群体最接近的群体中的策略。

(二)中间群体素描

中间群体在L村中所占比重最大,他们主要为个体工商户、家庭作坊主或常年在外务工者(有一定技术)。这个群体的年龄跨越层面也较大,从20多岁到50多岁都有分布。这部分人收入不仅可以满足家庭基本的物质生活需要,也有剩余部分可用来追求生活品味(一些仪式性活动的消费标准通常为村庄富人群体所塑造和引领)。中间群体在村庄中呈现出关系自主或依附型,他们的社会关系网络规模一般,对其他群体关系影响较小,与其他群体交互关系中较为自主、均衡。由于出于向上流动的需求以及参与村庄中的面子竞争,他们有建立更广泛社会关系及获取其他资源的需要,可能去依附发展状况更好的群体(富人群体),通过关系主导阶层获取某些资助或资源。他们中的部分人会参与村庄公共事务。

(三)相对贫困群体素描

经济收入与资产拥有量最低的群体,约占L村总户数30%。这部分家庭主要从事农业生产(由于耕地面积与土壤条件有限,每亩地年收不到3000元),部分家庭成员可能在外务工,以短暂打零工的居多,从事的工种通常上手快、门槛低、技术含量较低,因而工资收入相对较低(一般按工时或计件算劳动报酬,男性工作一天收入大致在150—200元,女性工作一天收入大致在50—100元)。因为家庭收入仅能满足基本物质生活需要,甚至有的还未能实现温饱,因而他们很难有剩余的资本追求生活品味。

L村相对贫困者群体在村庄中与其他群体呈现出关系依附或脱嵌状态,他们的社会关系网络规模比较狭小,和自己处境类似的村内家庭来往较多。他们经历过向上争取的人生阶段,也参与过村庄中的面子竞争,在该时期,这些人可能与中间群体或富人群体的关系呈现出依附型关系,即寄希望于中间群体或富人群体以获得工作机会、社会资源,他们中的一部分人可能通过努力从贫困状态、社会底层进入中间群体。还有一部分人没能把握住机会,或者在竞争、努力中屡屡受挫,于是放弃了村庄竞争,不参与和中间群体与富人群体的攀比,此时他们在村庄中处于脱嵌状态。如果说,富人群体通过制定某些仪式消费、人情消费规则与标准形成了与其他群体分化明显的生活风格,从而建构了其与其他群体的区隔。那么依附型关系行为则是在试图打破区隔的行为逻辑指导下产生的,而脱嵌的意识则意味着底层群体已经开始自我建构与其他群体的区隔。本研究最终的落脚点将探讨这种自我区隔是如何导致相对贫困的再生产的。

第三章　分化的图景：相对贫困群体的日常生活风格与其他群体的比较分析

研究相对贫困群体的日常风格呈现，是探讨其与村庄场域中其他群体分化的逻辑起点。生活风格是习性的图式系统的象征体系，一方面它是个体生活经验和生活经历在其思想和行动图式中积淀的外化，而另一方面它构成了外界辨识行动者分化与差异的标识。从田野调研经验来看，尽管贫困群体在经济收入、资本拥有量、社会地位即垂直的阶层属性上与中间及富人群体存在差别，但仅仅从物质生产资料或资产收入的拥有量来区分相对贫困群体和其他群体，并不能帮助我们充分把握他们的特性。相对贫困群体在生活处境、风格上与其他群体存在差别，而观其内部则可以发现明显的共同特征。借鉴布迪厄的区隔思想，将生活风格、品味、文化整合到一个解释框架中，用以揭示相对贫困群体与其他群体的分化，则可能更符合贫困群体的特征和村庄情境。本部分的数据来源于笔者对L村富人群体、中间群体、相对贫困群体中各随机抽取15位进行的结构式访谈。

第一节　居住模式及空间配置

住房是人们赖以栖息和生存的最重要的“物质实体”。在人们不可或缺的物质实体中，住房往往体积最大、价值最高、对于人的庇护性最强。有学者认为，在与人相联系的物质实体方面，住房的社会地位象征意义是首屈一指的。“从消费分层的角度看，虽然衣着、穿着、首饰、用具也具有消费地位、社会地位的符号象征意义，但是与住房比较起来，都只能屈居次要位置”[①]。有学者指出，房屋是村落“立体的表情”，即是参考家庭经济水平的重要依据[②]，在农村社会

① 李强：《转型时期城市“住房地位群体”》，《江苏社会科学》2009年第4期，第42-53页。

② 陈映婕，张虎生：《对城镇生活的想象与认同——浙北C村的日常消费研究》，《民俗研究》2011年第3期，第253页。

中，房屋是参与生活竞赛的重要指标，[①]这也是本研究在诸生活风格中首先对居住模式及空间配置进行分析的原因。

20 世纪 80 年代全国推广家庭联产承包责任制之前，L 村的村民住房以土坯、草房为主，占全村住房的 60%左右；砖瓦结构的平房占 40%。集体化时期，80 年代农村经济改革的成功促进了村民的消费需求，并掀起了房屋改建、装修的热潮，L 村也不例外。钢筋、水泥等现代建筑材料的引入使得村民能够建造更现代化的住宅，大众传媒的普及以及外出务工人员眼界的打开将城市居民的生活方式引入村庄生活中来，L 村村民不仅开始讲究住宅的大小、格局，同时也对住宅内部装饰、装潢、电器的配置有了新的追求。L 村从 90 年代初期就有家庭建造二层楼房，直至当下，该村 20%的家庭都住起了楼房。一方面，越来越多的人倾向于改装、修饰自家住宅，尤其是近十年来，L 村的住宅风貌发生了很大的变化。走进村庄，一栋栋精致的外墙贴满瓷砖或涂了漆的小洋房拔地而起(从村庄连接对外交通主干道的路进入村庄时所见)。而另一方面，深入"看上去很美"的村庄内部，则会发现被楼房掩盖的背后，依然扎堆着许多"灰头土脸"、"残破不堪"的结构老化的矮平房。

一、村庄空间住宅区位分化

L 村村域面积不大，村内住房分布密集度相对较高，每家每户的住房面积也比较有限。1949 年前，大多数村民的住房面积为 60—100 平方米。1954 年的《宪法》规定，农民享有宅基地所有权。1962 年通过的《农村人民公社工作条例修正草案》规定，"生产队范围内的土地，都归生产队所有"，从此农民只有宅基地使用权而无宅基地所有权。集体化时期，农村经济稳定发展，农业生产快速提高，但农民居住条件改善不大：一方面农民被固守在土地上，加之国家对土地管理较为严格，社员不能随便扩大宅基地或庭院面积，侵占耕地的行为被严厉禁止。宅基地作为生活资料其分配由生产队统筹安排。因此，一家几代居住在几十平方米的房屋的现象在 L 村非常普遍。改革开放以来，随着市场经济的逐步放开及宅基地管理制度的放松，一些村民凭借民间传统手艺在自家开起了作坊，由于从事加工需要，宅基地面积得到扩大。还有一部分村民通过外出务工，开阔了眼界，接受城市居住风格的耳濡目染，于是激发了其改变自身居住环

---

① 在很长的一段时间里，土地都是最重要的生产资料和财富标志物，当土地所有制改变后，农民失去了这样一个具有长久稳定性的财富积累和表达的方式，房屋作为财富标志的地位便凸显出来，其他生产生活资料，如农具家具等的保值增值功能相对则较弱。参见：王德福：《做人之道：熟人社会中的自我实现》，华中科技大学博士毕业论文，2013 年，第 123 页。

境的愿望。这体现在他们积累了一定资本后返乡装修或重建自家的住宅。受原先居住面积及地理位置的限制，一些村民通过购买其他农户的地、或向村集体购买宅基地，条件相对优越的村民则会选择村中较好的地段，以此改善自家居住条件。笔者于调研中发现，L村整体住宅布局呈现为相对整齐的方块状布局，村庄西、北、南三面与该镇其他村庄毗邻，东面则紧挨通往镇中心的公路，东村口连接镇中心的公路呈L型，沿路街道两边分布着一些商铺，越往镇中心商铺则越密集，均为L村与周边村庄村民所经营。2015年左右，政府出资对公路边的村庄进行改造和美化，L村就在其列。由于资金限制，L村村集体商量后，将主要资金投入在“面子”上，即离公路最近的村庄东区。刻有L村村名及村标的约三米高的石碑立在公路边，五米宽的水泥路直通往L村村委会。村部新建的两座扶贫车间就坐落在村庄东面，离公路不到500米处。

由此可见，村东头算得上整个村庄中地理位置的最佳区域。事实上，村东头也是“大户人家”聚集地，堪称L村的“门面”。通村水泥路向村延伸30米，道路两旁便是两排非常气派的住宅，两米多高的院墙里是一栋栋别致的两层到四层不等的小洋楼。据李支书介绍，这些户主有的在村里开服装加工厂，有的家中成员在外做生意，总之，收入可算得上村中翘楚。

案例3-1：

32岁的LCB就是其中一栋小洋楼的主人。该小洋楼是其2013年为筹备结婚改建的，占地面积70平方米左右，由LCB的父亲花8万元向原主人购得。村中许多老人都称这桩交易不划算，而他老早就比较中意村东面的地理优势，认为“一来该住宅离村子嘈杂的居住密集区较远，容易落得清静自在；二来离公路最近的地方可能最具商业价值”。2000年，初中还未毕业的他就去了深圳一家玩具厂打工，后又辗转去了一家电子厂，从一名普通工人到工厂的管理者，他用了15年时间。这期间家人为他物色了Z镇D村的对象，过年回来相亲后双方都对彼此较为满意，于2014年正式成婚。2015年LCB的第一个孩子出生，考虑到家庭的完整性，LCB放弃了在深圳月薪1万多的工作，在其媳妇儿的哥哥的帮助下（其媳妇的哥哥在D村经营一家演出服制作公司）回村开起了演出服加工作坊。作坊用地最早是占用其居家住宅一楼，用工包括LCB本人和他媳妇共计八九位劳动力从事演出服的来料加工，订单主要来自其媳妇的哥哥的公司。2016年纯收入达15万元。2017年LCB便决定扩大生产，租下了其住宅对面农户的约500平方米的地（年租金2000元），投资11万元建成了服装加工车间，又从本村及邻村扩招工人22位。LCB称自己还有添置附近宅基地的想法，因为其有两辆车，一辆为江淮私家车，一辆为货车。私家车停在自家院子里，而货车因为自家院落面积不够则只能停在车间外村庄的主干道上，“如果地方再大一点，我就能把一楼建成两到三个车库”。

随着宅基地指标不断缩减，在其分配中，只有具备足够经济能力的村民才可能在竞标中获胜。从L村目前的居住分布来看，村庄社会的生活空间被划分为不同的块状区域。L村东部已然成为格局开阔的富人区，而远离公路的村庄内部则密集地扎堆着中间群体和底层贫困群体住宅。因为资金有限，L村的水泥路仅铺就了组组通，村庄内许多住宅门前都还是土路，有的入户路狭窄且不平坦，私家车根本无法驶入，有的地方连四轮车①也难通行。对于生活在村庄东部的村民来说，城镇即在家门口；而对于深居村庄内部的村民，去一趟镇里则需要耗费更多的时间成本，而对于大多数村民来说，去往镇里和自身生活息息相关：村中没有学校，L村及周边村落的村民子女都在镇上的学校就读，2017年镇中心小学配备了校车，而校车在L村的接送学生点就设在L村村委会门前，对于居住在村庄内部的学生来说，还需步行一段距离；除此，教育培训机构、托管班也都设在镇上；在饮食和生活上，如果需要自己种的蔬菜以外的食材也要去镇上购买；购买其他生活日用品及生活必需品也需去镇里。

案例3-2：

YYW(50岁)的家就在L村北边，家中有5亩地，种植辣椒和应季蔬菜。YYW与媳妇在家中打理田地，另外YYW时常会将自家蔬菜用三轮车载到镇上菜市场摆地摊。连接其住宅入口的是自家的田埂，晴天时三轮车出入相对自如，而到了下雨下雪天，田埂就变得泥泞和坑坑洼洼，车轮常常陷在泥土里，出行因而变得十分不便。

研究发现了值得进一步深度挖掘或思考的现象，即同样居住在村庄深处住房密集区，有的村民对改善自身居住条件抱着极大的期待，也乐意付出更多努力来实现这一憧憬；而有的村民则不然，面对这样的分化场景以及自身居住的恶劣条件，他们并没有改善的动力和意愿，显得“随遇而安”、“怡然自得”。

“住在东边有什么好的呀。你看看东边那些把围墙刷的白白的把门

① 一种电动四轮车，一辆价格2000至1万元不等。是该地非常普遍的私家交通工具，在L村的使用率也非常高。

紧锁的院子，越是这样露富，越是招贼呢！你看我们这样的人家生活多踏实，土院墙，敞着院子的大门都不会来贼哩！”(20180726-LCH-46 岁)

多元化格局下的时代，“深居简出”、“安贫乐道”被一些极简主义者们推崇为一种生活方式，他们强调内心的富足而故意忽略物质层面的享受。而上面提到的 L 村居住条件简陋却没有改善的动力和意愿的情况显然与之不同，最本质的区别在于，前者是阿马蒂亚·森的理论中指涉的“可行能力”[①]，一种主动选择下的产物，即他们在可以选择过物质富足的生活或简朴的生活的前提下，自由选择了“极简”；而对于上文提及的失去发展或改善生活动力的村民来说，其居住、生活条件是没有选择的选择。因而二者不可同日而语。居住空间区位的分化从某种意义上形成了一条隐形的界限，将 L 村贫困群体与其他群体区隔开来，并成为其与其他群体社会交往的阻滞力量，这部分讨论内容将在下一章中得到进一步分析。

二、家庭成员居住空间安排——私人化空间的有无

经历了经济发展、村民物质生活水平提升的蜕变，土改前在 L 村的一些极为普遍的土坯、草屋已于 20 世纪 90 年代中后期陆陆续续改建成砖瓦平房，其中也有少部分村民在 2000 年左右就盖起了楼房。2010 年后，村庄重建或新建的房屋则多为多层楼房(以两层居多)。虽然一些富人在村东面建起了小洋楼，由于其所占的比例较小，当下村庄深处更常见的还是砖瓦平房。建房材料上的改进使得房屋的稳固性和耐用性得到改善和强化，不过，住房面积依然停留在 60—100 平方米(算下来人均居住、活动面积 10—20 平方米)。

(一)L 村房屋空间安排

在对 L 村房屋空间安排进行描述前，我们可以根据 L 村房屋主要情况将分析的对象分为两类，一类为该村 20 世纪 90 年代改建后的砖瓦平房(此种类型房屋在 L 村更为普遍，而由于这个阶段对房屋的改造主要是材料改变而格局未变，故不另外对此前阶段的土坯、茅草屋格局单做分析)，另一类为 2000 年以后新建的楼房。

---

① 阿马蒂亚·森在《以自由看待发展》中将可行能力解释为一个人“有可能实现的、各种可能的功能性活动组合的实质自由。可行能力是一种自由，是实现各种可能的功能性活动组合的实质自由。”参见：[印]阿马蒂亚·森：《以自由看待发展》，任赜，于真译，北京：中国人民大学出版社，2012 年版。

1. 砖瓦平房空间安排

在L村,砖瓦平房主要由中间群体和底层贫困群体居住。通常每个农户家都用围墙搭建起一个院落,院落里便是农户生活的空间。一般院子里有两到三个房间,全家人的客厅、卧室靠院里,厨房和牲畜房或储藏间则靠近院门。有的家庭的厨房与牲畜房分别位于院墙内左右两侧,储藏间与厨房并作一间。有的家庭则将其三者并作一间。最靠里的一间主屋往往占据最大面积(根据自家宅基地面积大小不等,大部分都在70平方米左右),即全家人的客厅及卧室。主屋一般被分隔为两到三个区域,最中间是客厅兼餐厅(占据主屋最大面积),左右分别是家庭中父母的卧室与子女的卧室,也有的家庭不专门区隔客厅与卧室,即一间大通屋。如果是子孙三代一同居住,则一般老人与孙子女住一间,儿子、儿媳住一间(此种情况多出现在长子的家庭或老人已无法独立生活,需子女照料的家庭);如果是核心家庭有几个年幼子女,则会出现子女混住一间卧室的情形。[①]

2. 楼房空间安排

L村最早的楼房建于20世纪90年代,在青岛某餐厅务工的村民LYH因自家土坯房屋老化严重,加上结婚需要,故将其务工攒下的积蓄用于修建新房。

> "我还记得建房子时是夏天,我本来就想重新修葺,加上那一年下大雨,房子渗水渗得不行,根本没法住人。我和父母还有我弟不得已去姑姑家连住了几天。那种寄人篱下的滋味太不好受了,这使我下定决心重建房子。要建肯定要建一个气派的,不能再叫人看不起了,和父母商量以后,我和我弟共拿了差不多一万块钱买了建房子的材料,按我的设计,一楼像城里一样搞一个大客厅,二楼就住人,这样就再不会担心下雨天水漫到床上来了。我们家兄弟两个劳动力以及请了几个走得近的哥儿们帮工,我管他们三餐伙食,整整搞了一个月。当时在建的时候村里就有不少人过来围观哩!"(20180725-LYH-40岁)

其后的近三十年里,则陆陆续续有村民将自家住房改建成楼房或新建楼房。相对于平房,楼房的功能区域则更为分明,随着村民现代意识的提升和城市消费文化在民间的传播与扩散,村中新式住宅则更接近城市住房布局:厨房不再和牲畜房或储物房混为一间,被纳入居家空间。原先院落里搭建的茅厕,

---

① 通常家中长子或独自要负担赡养老人的义务,因而婚后依然与老人住在一起。而其他儿子成家后多选择分户而立,与其妻、子过核心家庭生活。

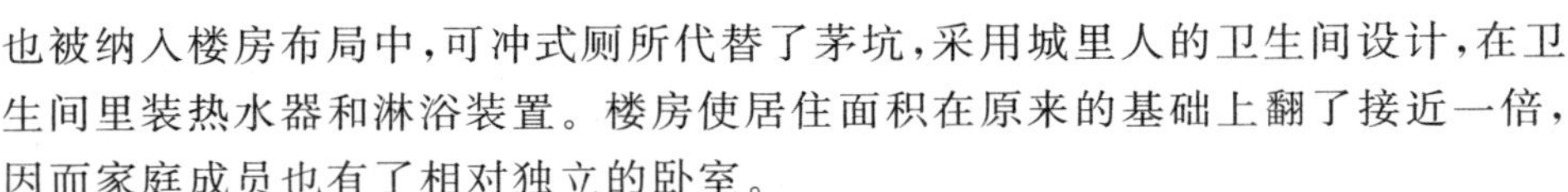

也被纳入楼房布局中，可冲式厕所代替了茅坑，采用城里人的卫生间设计，在卫生间里装热水器和淋浴装置。楼房使居住面积在原来的基础上翻了接近一倍，因而家庭成员也有了相对独立的卧室。

（二）私人化空间

私人化空间的出现是人的现代化的产物。法国历史学者安托万·普罗斯特（Antoine Prost）在《私人生活史》中提出 20 世纪 50 年代以来法国人居住条件的改善即是私人生活史中一次真正的"革命"①。帕德埃伦（Ellen Pader）在研究墨西哥家庭空间时，也考察了其住宅内部空间安排上之于家庭整体需要的考虑，以及近年来改建中出现的变化如将卧室与公共空间分隔开，为个人创造更为隐秘的空间。②"住宅不仅仅是物理意义上的空间，同时还包括社会空间。在房屋结构的背后蕴藏着更为深刻的社会空间原则，人们通过这些原则来组织日常生活以及界定人际关系。"③

隐私的观念在西方的自由主义传统中在社会平等、亲密关系、个体自主性的发展史上曾发挥过很重要的作用，它也是个人主义以及社会关系形成的不可或缺的社会行为准则。在当下社会，越来越多的人开始重视自己的隐私。在塑就阎云翔论作《私人生活的变革：一个中国村庄里的爱情、家庭与亲密关系（1949—1999）》的田野下岬村，哪怕对隐私术语并不熟谙的村民来说，"村民经常用'方便'来解释他们对于私人空间的追求，用'自由'来形容获得私人空间的感受"④，下岬村村民追求的方便自由其实正体现了他们对隐私的追求。对生活隐私的追求当然不止发生在下岬村，也悄然生长在正经历社会变迁和经济发展的村庄。L 村也不例外，在村民消费能力的提升和对个人自由的追求中，L 村近些年住宅的人均享有面积和私人空间呈现出扩大和延展的趋势，不过，这并非所有村民力所能及的，还有许多发展滞后的村民根本没有能力改善自己的居住条件。45 位被访谈者中，家庭中子女各自享有独立房间的有 20 位，其中 15 位来自富人群体，5 位来自中间群体，相对贫困群体中无一位家庭中子女享有独立房间。

---

① Prost，Antonie：Public and Private Spheres in France. A History of Private Life，Cambridge：Harvard University Press，1991：51-67.

② Pader，Ellen J：Spatiality and Social Change：Domestic Space Use in Mexico and the United States，American Ethnologist，1993：114-137.

③ 阎云翔：《私人生活的变革：一个中国村庄里的爱情、家庭与亲密关系（1949—1999）》，龚小夏译，上海：上海人民出版社，2017 年，第 145 页。

④ 阎云翔：《私人生活的变革：一个中国村庄里的爱情、家庭与亲密关系（1949—1999）》，龚小夏译，上海：上海人民出版社，2017 年，第 156-157 页。

案例 3-3：

LGD，男，45 岁，其在镇上的餐饮公司配餐中心工作，月薪 3000 元，其爱人在家照顾子女。夫妻俩育有三个子女，大女儿 19 岁，在天津上大学，二儿子 16 岁，在镇上读高中，小儿子 9 岁，在镇上读小学。其住房为 1995 年建造，70 多平方米，隔为客厅与东西两间卧室。起初 LGD 与其妻子以及女儿住西房，LGD 母亲住东房。后来二儿子出生，LGD 夫妻俩又带着幼儿住西房，让母亲与稍微年长的女儿住东房。母亲去世后，LGD 夫妻俩住在东房，其子女则共居在西房。小儿子出生后同样先开始与夫妻俩住了一段时间，后又和其哥哥姐姐共住一间房。考虑到女儿大了，生活起居需要独立的空间，夫妻俩只有在客厅又支起一张床，让兄弟俩从西房搬出来住在客厅。LGD 表示，因为房间"分割"问题，家中一直矛盾不断。

三、居住风格呈现——生活效率与品味追求

相对贫困群体与其他群体的住宅不仅仅体现在外观形态上的差别，分化在房屋内部装饰、家具家电配置上亦呈现得尤为明显。改革开放以来，中国城乡居民每百户拥有的彩电、冰箱、洗衣机、空调、计算机、私家车（摩托车）和移动电话等高档、耐用消费品的数量均呈现出大幅度提高。[①] 笔者入户调研时发现，一些新修建的住宅内部家具、电器配置已基本和城市住宅同步，当然，这在 L 村并不常见，更为普遍的住宅内家具、家电不齐全，还有一小部分（主要集中在贫困群体家中）呈现出匮乏状态（见表 2）。

表 2 L 村相对贫困群体与其他群体居住风格呈现

项目	富人群体		中间群体		相对贫困群体	
	人数	占比/(%)	人数	占比/(%)	人数	占比/(%)
房屋建筑结构						
土坯	0	0	2	13.3	6	40
砖木	6	40	9	60	8	53.3
钢筋混凝土和砖木	9	60	4	26.7	1	6.7

① 国家统计局：《改革开放铸辉煌 经济发展谱新篇——1978 年以来我国经济社会的巨大变化》，《人民日报》，2013 年 11 月 6 日。

续表

项　　目	富人群体		中间群体		相对贫困群体	
	人数	占比/(%)	人数	占比/(%)	人数	占比/(%)
屋内地面						
泥土地	0	0	1	6.7	9	60
水泥地	7	46.7	10	66.7	5	33.3
瓷砖或木地板	8	53.3	4	26.7	1	6.7
拥有电器(包括冰箱、电风扇、空调、电视机、洗衣机、热水器、饮水机、电脑)达(包含)四件	15	100	12	80	8	53.3
厨房配置(灶具的选择)						
柴火灶	2	13.3	4	26.7	9	60
煤气灶	7	46.7	8	53.3	5	33.3
天然气灶	6	40	3	20	1	6.7
拥有水冲式卫生间	15	100	9	60	5	33.3
卫生间可淋浴(或有单另淋浴间)	14	93.3	8	53.5	3	20
房屋装修时有考虑过风格与样式	12	60	6	30	3	20

(一)家电与生活效率

从理论上来说，机器创造的生产力可以使人的劳动量缩小到极小的程度。“生活电器”(洗衣机、微波炉、电饭煲、冰箱、抽油烟机等)的普及大大节省了家庭成员投入在家务劳作上的时间和精力，也因此改变了家务劳动的形态与格局，并影响了家庭成员之间的分工协作。农村妇女从一部分家庭事务中解放出来，得以空出一部分时间和精力用于外出务工或在子女的陪伴、教育上。对于L村来说，妇女是从2000年初开始“有闲”的，一方面，国家对计划生育的控制使妇女从“生育机器”中解放出来，另一方面，家庭物质条件的宽裕为家庭中购买节省人力的电器提供了条件，洗衣机免去了妇女洗衣服的时间；电饭煲、微波炉、燃气灶等的普及大大节省了花在烹饪上的时间……而我们又可以这样理解，越是重视这些电器所解放出来的劳动力的价值，则越倾向于高频率使用电器以及更新电器，那么被解放出来的劳动力及劳动时间则可以用在做更有“价值”的事情上。这也是发展起来的村民的思路——调研发现，L村富裕家庭中的女性每日投入在家务上的时间比贫困家庭中的女性要少几个小时，她们（富裕家庭的女性）的大部分时间主要有三种去向：一是她们与家人共同经营事业；二是教育子女（送子女上培训班、指导子女写作业等）；三是花在娱乐、美容护肤、健身等方面。从调研的数据来看，15 个抽样相对贫困家庭中拥有电器（包括冰箱、电风扇、空调、电视机、洗衣机、热水器、饮水机、电脑）达到四件只有 8 位，此项数值对应在富人群体中是 15 位（100％）。在灶具的选择和使用上，60％的贫困家庭使用的仍是需耗费大量精力的柴火灶，而抽样的富人家庭 86.7％都用上了相对洁净、有效的煤气和天然气。

（二）品味与现代性追求

机器主导的功利主义使人们将生活的目标从必需品提升为舒适品，[①]对品味的追求则体现了从追求必需品到追求体验的舒适以及“奢侈”的社会功能的过程。

对个人卫生的讲究与舒适的追求不无关系。根据笔者对 L 村的抽样调查，33.3％的贫困家庭都未能用上可冲式厕所[②]（富人群体和中间群体分别对应的数值为 100％和 60％），他们中的一部分人还在使用自家院落中搭建的简易茅厕，有的甚至几家共用一间茅厕或直接在较为隐蔽的草垛间解决如厕问题。在洗浴方面，L 村大部分家庭还是采用坐浴式，即坐在澡盆（通常都是洗衣盆），或直接从澡盆中往身上浇水。访谈的 15 位相对贫困者当中，只有 3 位家中安装了淋浴装置（受访谈的富人中有 14 位安装了淋浴装置）。

对“装修”的需求与品味和生活舒适度有关，也体现了居住者的经济水平和社会地位。在 L 村，被访贫困者中有 60％的住宅内还是泥土地；仅有 6.7％的家庭房屋地面铺了地砖（被访富人的相应数据为 0 和 53.％）。近些年在 L 村住宅装修呈现出不同的风格，除了现代风以外，欧式与美式装修风格也为一些家庭所青睐（50％以上的富人群体在装修房屋时会先挑选自己喜欢的样式和风格，甚至会请人设计），而一般村民则明显没有这方面的讲究，没有讲究的资本，也没有品味的“意识”。关于居住风格，对于贫困群体来说，可能对居住风格追求的意识要在实现居住质量和在一定的人均享有空间得到保障以后才会形成，毕竟对于所有人来说，前者才是“必然品味”，而后者是

① 杜君立：《现代的历程：一部关于机器与人的进化史笔记》，上海：上海三联书店，2016 年版，第 731 页。

② 从统计学上看，样本量较小不足以估计总体，而这个数据在经验上得到了 L 村村委会工作人员的肯定。

“自由品味”了。

在L村，笔者还发现了有意思的现象：L村村民家中饮水机是客厅里非常常见的“摆设”。之所以强调它们“摆设”的性质，是因为在多次入户与农户进行访谈时，房屋主人都会十分客气地给笔者倒水，而据笔者观察，他们几乎很少会从饮水机中盛水，而是用开水瓶里的水或者直接从家中拿瓶装矿泉水或其他饮料。L村日常饮用水质量无问题且价格也较低廉，故村民其实没有必要去消费桶装的纯净水。而笔者进入的L村大部分富人以及中间群体还有少部分贫困者家中，都在客厅或厨房看到了台式或立式饮水机。为什么饮水机的使用率不高却很普遍呢？笔者尝试着将疑惑与镇扶贫办工作人员LCZ（其为L村人，在L村长大，婚后住在县城里，其父母与其他长辈仍居L村）探讨，他表示自己也发现了这种现象，并给出这样的解释：

> 饮水机以前都没有，是近几年才出现的，大家都觉得它时尚又高级，再加上它又不贵，所以都买来放在客厅很显眼的地方。显得多有面子啊！是吧。（20180725-LCZ-31岁）

LCZ的说法给了笔者启发，确实桶装水是经过现代工艺加工的、富有工业技术含量的水，象征着现代生活的清洁、现代感与优质性，使用饮水机泡茶因而也显得更为考究。与其说饮水机提升了村民的生活效率，不如说它是构成“面子工程”参与“村庄竞争”的元素之一。

以上，笔者将居住模式及空间配置具体操作化为住宅区位、居住空间（私人化空间的有无）、居住风格呈现三个面向，来勾勒L村相对贫困群体与其他群体在居住模式及空间配置上的分化。在住宅区位上，经济条件相对优越的富人家庭占据了村东头，也就是整个村庄中地理位置的最佳（格局开阔、交通便利）区域，而相对贫困家庭则居住在远离公路的住宅密集度较高的村庄内部；在家庭成员居住空间安排上，笔者发现，受现代化的影响，L村村民的私人生活意识正在兴起并逐渐受到重视，新建房私人化空间呈现出扩展趋势，而相对贫困者家庭成员很难有私人化的空间；在居住风格呈现上，富人家庭更讲究装修风格，大面积使用生活电器以提高生活效率，而这些在相对贫困家庭里则多呈现为匮乏状态。笔者认为，无论是区位分化，还是居住空间分布分化，抑或是居住风格上的分化，都从某种意义上形成了一道隐形的界限，将相对贫困群体与其他群体区隔开来，它们构成了相对贫困者参与村庄竞争的劣势，也筑起了相对贫困群体与其他群体日常交往方面的藩篱。笔者将于下一章做进一步阐释。

第二节　饮食消费与身体(形象)管理

当我们只注意到饮食消费与身体(形象)管理和消费支出上的关联时,我们仅仅能发现饮食与身体(形象)管理消费支出分化背后的不同群体的经济分化。而布迪厄、保罗·福塞尔等学者开阔了我们的思路,他们充分挖掘了显性消费背后潜在的文化资本投资以及区隔的意识。对饮食的选择、对身体及形象的管理依托于个体或群体的品味,消费支出的数字所呈现的只是表象,而经济分化也只是这些指标所要呈现的分化之一。只有我们尝试深度解读这些琐碎的生活选择的背后所蕴藏的文化资本投资的意识,才能更好地把握这种分化下隐藏的区隔意识。

一、饮食分化:"饱食-暴食"的穷人与"美食-节食"的富人

我国经历了很长一段"饥馑"和"欠食"的时期,新中国成立以后到 1977 年期间,农村居民的人均日热量摄取小于 2100 卡路里,说明这段时期农民平均营养水平都未达到维持人体最低营养需要的标准。[①] 如果将保证人体日最低热量要求的 2100 卡路里的粮食消费量定为每年 210 公斤/人,那么在 1973—1977 年,每年平均有 12.6 个省份,占全国省区的 43%粮食不足或严重不足,人口规模约为 3.9 亿,占同期农村总人口的 50.15%,其中有 1 亿人粮食严重不足,占同期农村总人口的 12.9%。[②] 从 1980 年以后,农村改革取得成功,城乡流通领域得以搞活,民众逐渐可以吃饱饭,至 20 世纪 90 年代,中国逐渐进入"饱食"的时代,到了 2010 年,我国农村居民的生存和温饱问题得到基本解决。[③] 饱食过后,人们的饮食消费行为逐渐出现了"暴食"的倾向,而随之而来的肥胖以及饮食疾病引发了大众在饮食上转向营养和健康的食物。[④] 农村发展之于城市相对滞后,也体现在居民饮食风格与消费上,当农村部分人口刚得到

① 张磊:《中国扶贫开发政策演变(1949—2005 年)》,北京:中国财政经济出版社,2007 年,33-34 页。

② 周彬彬,高鸿宾:《对贫困的研究和反贫困实践的总结》,《中国扶贫论文精粹》2001 年。

③ 中华人民共和国国务院新闻办公室:《中国农村扶贫开发的新进展》,2011 年 11 月 16 日,http://www.china.com.cn/ch-book/2011-11/16/content_23934408.htm。

④ 20 世纪 90 年代及以后,城乡居民的膳食结构不断改善,肉、蛋、禽、水产品等高蛋白食品的比重明显提高。参见吴明瑜,李泊溪:《中国 1997—2020 科学技术与人民生活》,中国财政经济出版社,1997 年,第 118-119 页。

温饱时，城市居民的饮食观已转向追求营养以及节食。这种农村与城市的分化差异也在农村内部萌芽，体现在相对贫困群体与富人群体对食物追求的分化上。

对食物的品味依靠不同层次群体形成关于食物对身体作用（身体的力量、健康和美丽）的观念，所以在不同观念作用下，不同层次群体可能对饮食表现出完全不同甚至相反的品味。布迪厄早在20世纪70年代就观察到，随着社会等级的升高，食物消费的比重降低，或者热量高的、脂肪多的、增肥的但也便宜的食物如土豆、肥肉、猪肉、酒等的消费比重减少，而脂肪少的、清淡的（容易消化的）而且不增肥的食物（牛肉、羊肉尤其是新鲜水果和蔬菜等）的比重增加。[①] 布迪厄进一步对此现象发表了关于区分的洞见：这些表面上的差别的真正根源在于奢侈品味（又称自由品味）与必然品味之间的对立。奢侈品味是具备一定物质生活条件的个体所拥有的，相对来讲，必然品味则由于资本的匮乏而呈现出无从选择的状态，“必然的品味只能产生一种自在的生活风格，这种风格只是由于匮乏，才被它与其他生活风格形成的被剥夺关系从否定方面这样确定”[②]。营养又经济的食物之所以为大众所喜爱，正是由于它们可以以最低成本供给劳作所需的能量。如此，关注体力超过体型的民众阶级，倾向于寻找既便宜又有营养的食品，而自由职业者更喜欢美味的、有益健康的、清淡的和不增肥的食品。[③] 除了需要考虑体力的补给，布迪厄还注意到有一种情况使民众暴食（或者用一个比较通俗的词“胡吃海喝”），因为这是他们可享受的为数不多的幸福的乐趣，他们不愿意规划未来——“民众阶级拒绝进入边沁的快乐与痛苦、利益与代价的计算”[④]。

（一）食物的选择——必然品味与自由品味的分化

为了进一步发现相对贫困群体与其他群体食物选择上的分化，根据对L村村民日常生活中对食物选择的摸底式了解，笔者重点就“食材来源”、“每个月下馆子的次数”、“对饮食的控制”、“营养食物的摄入”、“一周内吃剩饭剩菜（第二

① ［法］皮埃尔·布尔迪厄：《区分：判断力的社会批判》，刘晖译，北京：商务印书馆，2015年版，第278页。

② ［法］皮埃尔·布尔迪厄：《区分：判断力的社会批判》，刘晖译，北京：商务印书馆，2015年版，第281页。

③ ［法］皮埃尔·布尔迪厄：《区分：判断力的社会批判》，刘晖译，北京：商务印书馆，2015年版，第295页。

④ ［法］皮埃尔·布尔迪厄：《区分：判断力的社会批判》，刘晖译，北京：商务印书馆，2015年版，第285页。

次吃距第一次吃相隔 24 小时及以上）的次数”等指标进行了结构式访谈，统计结果见表 3。

表 3　L 村相对贫困群体与其他群体的饮食消费

项　　目	富人群体		中间群体		相对贫困群体	
	人数	占比/(%)	人数	占比/(%)	人数	占比/(%)
食材来源						
以自己(家)种植(养殖)为主	3	20	3	20	6	40
以向他人购买为主	9	60	5	33.3	3	20
以上二者比例相当	3	20	7	46.7	6	40
每个月下馆子的次数						
一次也没有	1	6.7	1	6.7	9	60
一次到三次之间	8	53.3	10	66.7	5	33.3
大于三次	6	40	4	26.7	1	6.7
对饮食的控制						
吃很饱	3	20	5	33.3	8	53.3
基本吃饱	7	46.7	7	46.7	5	33.3
吃七八分饱	5	33.3	3	20	2	13.3
营养食物的摄入						
每周都吃超过两种肉类	15	100	12	80	8	53.3
每周都吃水果	15	100	13	86.7	7	46.7
每周都喝牛奶/酸奶(不包含饮品)	14	93.3	11	73.3	5	33.3
一周内吃剩饭剩菜(第二次吃距第一次吃相隔 24 小时及以上)的次数						
一次也没有	2	13.3	3	20	1	6.7
一次到三次之间	10	66.7	10	66.7	9	60
大于三次	3	20	2	13.3	5	33.3

L 村大部分家庭都会种植部分粮食作物，因而在食材上基本上可以达到自给自足的状态。而近些年村民经济条件的提升以及对饮食多元化的认知和体验致使一部分人不仅仅满足于自家的有限蔬菜品种，会去镇上购买更丰富的食材，或尝试新鲜的多样化的烹饪方式——下馆子。调研发现（见表 3），在 L 村，被访谈者富人群体当中也有一部分还是以自家种植（养殖）的食材为主，不过

60%的富人都更多地在外购买食材；对于中间群体来说，他们则同时倚重自家种植与向外购买食材；而在相对贫困群体中，在外购买食材所占的比例则低于前二者，以自己（家）种植（养殖）为主的占到被访者数的40%。如果说自给自足的状态是一种必然选择，即唯一的选择，那么自由（奢侈）的品味则指向更多元化的选择。在营养的摄入方面，本研究粗略考察了不同群体每周食用肉类、奶类、水果类的频率，结果发现，几乎所有富人被访者每周都能吃上超过两种肉类以及水果和牛奶，而在15位被访相对贫困者中，只有8位每周能吃上两种以上肉类，7位每周能吃上水果，仅有5位每周能喝上牛奶（酸奶）。另外，本研究还考虑了“一周内吃剩饭剩菜（第二次吃距第一次吃相隔24小时及以上）的次数”这一项指标，这涉及被调查者是否意识到食物的质量与安全。研究发现，吃隔夜饭菜在L村比较普遍，不过依然可以看到相对贫困群体与富人之间在这一项指标上的差别：被访的15位富人中，有3位表示其与家人每周吃隔夜饭菜的次数超过三次，该指标在相对贫困群体中则是5位。

在“每个月下馆子的次数”这一指标中，富人与中间群体大部分都有每月下馆子的经历，而60%的相对贫困者则一次也没有；富人较其他群体下馆子的次数更为频繁。下馆子除了与消费所明显关联的经济基础条件有关，也与人们是否愿意在烹饪上花费更多时间有关，毕竟下馆子可以节省家中做饭者（通常为女性）的精力与时间。在不少富人家庭中，女性的劳动或时间被注入了“商业”价值，如调研发现，女性希望花更多时间在工作或孩子的教育上，因而她们常常会选择带孩子在外面餐馆吃饭而非自己花大半天时间在做饭上。

（二）“活在当下”与“活向未来”的人

当我们将饮食与身体相关联，我们便会发现饮食的社会条件和基础：它一方面受物质条件因素的影响，而另一方面又受精神文化所影响。高宣扬在探讨流行饮食的社会意义时便将台湾近些年兴起的“素食文化”与审美文化相联系，他认为之所以素食能在市场中占据越来越大的份额，除受宗教因素影响外，个人品味与追求健美也是主要原因。[①] 布迪厄从形式与物质之间的对立出发，构造了对待食物和吃饭行为的两种方式的对立：在一种情形下，食物被要求体现其作为营养物质的事实，这种营养物质与身体有关并产生力量（这就倾向于优先考虑难消化的、油腻的食物），在另一种情况下外形（比如身体的外形）和形式被赋予的优先权，导致将对力量的寻求和物质的考虑打发到次要地位，并承认

---

① 高宣扬：《流行文化社会学》，北京：中国人民大学出版社，2015年7月第二版，第123-124页。

为自身规定一种规则的这种有选择的苦行中的真正自由。[1] 当贫困群体将食物归于物质和存在的一边(只注意到食物的功能)的时候,富人群体则将食物引入形式表现的范畴。在L村,相对贫困群体(尤其是贫困者中的男性)在饮食选择和食量保持上大部分重视自己的体力是否能得到较好的补充,而非其他。在对“饮食的控制”这一问题的回答上,53.3%的相对贫困者表示自己每顿饭都会吃很饱,而这在富人那里对应的数值是20%。相对于男性、女性可能更在意自己的外在呈现,被访相对贫困者的女性有几位都提到了自己平时会控制饮食。饮食行为并不仅仅关乎当下身体,更与未来的身体紧紧相扣。

饱食与节食,这两种饮食行为其实不仅建构着当下,同样也塑造着未来的发展轨迹。节食,从某种层面上说是放弃及时行乐,更多地考虑未来(保证自己的身体处在健康的状态,生命可以得到更长久的延续)——“让现在的欲望服从于未来的欲望的一种牺牲”[2],而饱食或暴食则更像是“及时行乐”的态度,不考虑身体将承担什么,对未来有怎样的影响,“人活着走一步看一步”罢了。

二、被忽略的身体与被重视的身体

身体不仅涉及生物意义上的有机维持,同时也蕴含着社会文化上的意义。埃利亚斯(Elias)将身体的呈现当作过程性现象,即身体体现了社会过程,文化的过程也是对身体不断进行社会性定义、管理和控制的过程。[3] 福柯指出,一切人类社会和文化都是从人的身体出发的,人的身体的历史就是人类社会和文化的历史。布迪厄提出身体是符号的持有者,也是符号的生产者,这些符号由与身体的关系记录在它们可被感知的实质里,[4]所有身体呈现出来的特征都不应只从身体本身进行解读,如“口红的颜色和厚度或一种面部表情的特征,就像脸型或口型,立刻被读作一种具有社会特点的‘精神’面貌的标志,也就是‘平庸的’或‘高雅的’、天生的‘有教养’的精神状态的标志”[5]。构成被认知的身体的

---

① [法]皮埃尔·布尔迪厄:《区分:判断力的社会批判》,刘晖译,北京:商务印书馆,2015年版,第311页。

② [法]皮埃尔·布尔迪厄:《区分:判断力的社会批判》,刘晖译,北京:商务印书馆,2015年版,第286页。

③ [德]诺贝特·埃利亚斯:《文明的进程》,王佩莉,译.北京:生活·读书·新知三联书店,1998年版。

④ [法]皮埃尔·布尔迪厄:《区分:判断力的社会批判》,刘晖译,北京:商务印书馆,2015年版,第300页。

⑤ [法]皮埃尔·布尔迪厄:《区分:判断力的社会批判》,刘晖译,北京:商务印书馆,2015年版,第301页。

符号，是一种特有的文化制造的产物，其作用是从文化程度也就是从与自然的距离方面对群体进行区分：人们称为举止的东西，也就是说支配身体和表现身体的合法方式，自发地被视为精神风度的一个标志，并把让身体呈现“本来”面目的做法当成放任自流，应受到谴责的贪图省事。[①]

因此布迪厄认为存在一个身体的等级空间，这个空间除了生物学的偶然（一种自在存在）以外，倾向于遵循它自身的特定逻辑再生产社会空间的结构。因此，社会分类系统与不同的身体属性在社会不同层次群体之间的分布可能有关，布迪厄指出通用的分类倾向于将统治者身上最常见的（也是大众最稀有的）属性与被统治者身上最常见的属性分成等级，使它们相互对立。[②] 每个行动者为了建立他关于自己身体的主观表象和身体素养，应该从一开始就考虑身体本身的社会表象，因此身体很可能得到与其主人在其他基本属性的分布结构中的位置严格地相称的一种价值，当然，还应排除生物继承性的结果，比如美貌、身高等。布迪厄的“身体等级空间论”在当下社会被让·鲍德里亚等学者赋予了“消费”的属性：它在广告、时尚、大众文化中的出场——“人们给它套上卫生保健学、营养学、医疗学的光环，时时萦绕心头的对青春、美貌、阳刚/阴柔之气的追求，以及附带的护理、饮食制度、健身实践和包裹着它的快感神话”[③]。让·鲍德里亚举例：在传统秩序中，比如在农民身上，就没有对身体的自恋投入、戏剧性认知，而有的只是“由劳动过程及与自然关系所导致的一种工具式/神奇视角”[④]。在当下社会，日常消费模式变革蔓延至城镇和农村，城镇日益演化为都市生活的地方版本和关于现代性的一个可感知的缩影，继而得到周边乡村村民（尤其是那些接受新事物能力较强、自身发展状况较好的村民）的认同和模仿，这些村民就从“由劳动过程及与自然关系所导致的工具式视角”转变为更加重视身体的社会符号功能。

---

① ［法］皮埃尔·布尔迪厄：《区分：判断力的社会批判》，刘晖译，北京：商务印书馆，2015年版，第301页。

② 也就是说，用在被认知的身体上的分类，胖还是瘦、大还是小、美还是丑一向既是任意的又是必然的，是以一个确定的社会秩序的特定理性为依据的。

③ ［法］让·鲍德里亚：《消费社会》，南京：南京大学出版社，刘成富，全志钢译，2014年版，第120-121页。

④ ［法］让·鲍德里亚：《消费社会》，南京：南京大学出版社，刘成富，全志钢译，2014年版，第121页。

(一)身体的呈现——分化的装束

笔者由镇扶贫办工作人员 LCZ 陪同进入 L 村的第二天下午，照例进行入户访谈。经一户农户同意后进入他家的小院，在小院里看见一位农妇(50 来岁)正赤裸着上身蹲在水池边换洗衣物。见到陌生人的到来，妇人依旧面不改色地继续做她的家务，直到其把洗好的衣服晾晒完毕回屋，再出来的时候才穿了雪纺无袖短衫。自从遇到此事以后，陪同我的工作人员都会在入户前先去打探一番，说明来意，再引我入户。为了避免尴尬——工作人员告诉我夏天喜欢裸露身体的村民不止一两个，有的女性不穿上衣，还有一些男性不穿外裤。他们对这种舒适感(追求凉爽)的需求已经超过了对文明的、对伦理道德约束的遵从。布迪厄看到了“民众阶级”对服装抱以一种现实主义或不如说是功能主义的用途，“民众阶级看重物质和功能胜过形式……他们无视资产阶级将仪表引入家庭空间的考虑，因为家庭空间乃自由自在的场所，(妇女)可以扎围裙和穿拖鞋，(男人)可以裸露上半身或穿紧身内衣，他们几乎不大强调看得见的和供人看的外衣与看不见的或隐秘的内衣之间的区别”①。

在贫困群体身上，我们更多地看到服装的便于劳作的功能。女性夏天极少穿裙子，穿低领短袖或无袖汗衫的居多，底下穿宽大的五分裤，穿凉鞋或拖鞋。男性不穿上衣的就很普遍了，抑或是穿 T 恤或衬衫，衣领至胸口的扣子一般都不扣，有的穿长西裤，把裤脚挽到近膝盖处，有的则穿沙滩中、短裤，穿军用球鞋或拖鞋。在经济条件好一些的村民家中所见的又不一样：女性穿夏日里的棉布居家服(睡衣)，有分体式的短袖、短裤，也有女性穿长裙子，棉的、丝绸的都有所见。男性的穿着则都差不多，T 恤与西裤为最常见的搭配，不过这部分男性不会刻意把裤脚卷起来，T 恤的扣子顶多敞开一到两颗。在凡勃伦、布迪厄等人那里，服装体现着人的职业的体面程度，是一种有闲或无闲的暗示：我们对一般所认为优美的那类服饰加以分析，可以看出，设计者在每一个细节上的用意是在于要引起一种印象——穿着这类衣服的人并不习惯于从事任何有实用的劳动。如果在服装上显露了穿的人从事体力劳动的痕迹，或者有了污损，那就不用说，这样的衣服谈不到优美②。

---

① [法]皮埃尔·布尔迪厄：《区分：判断力的社会批判》，刘晖译，北京：商务印书馆，2015 年版，第 313 页。

② [美]凡勃伦：《有闲阶级论：关于制度的经济研究》，蔡受百译，北京：商务印书馆，2009 年版。

相对城市中的居民和东部地区相对发达的村庄内部来说，L村村民在服装品牌、价位上的分化并不明显。不过从装扮、打扮上（尤其是女性）则又能窥见端倪，即由于对自我形象的关注以及塑造而精心装扮的痕迹。譬如笔者发现，家庭较为富裕的女性日常会佩戴金项链、镯子和戒指，这在中间群体家庭中的女性也有所得见。在面容和肢体修饰上，大部分条件较好的家庭中的女性（老年除外）都化了面部妆（以淡妆为主），有部分女性还文了眉毛、嘴唇甚至开了双眼皮（微整形），还有一些女性手指甲与脚指甲都涂了指甲油。而这些在相对贫困家庭的女性中是非常少见的，她们当中几乎没有化妆的，更不用说涂指甲油等，这将引起额外美容投入。这部分妇女所要承担的体力劳动量大，夏天在田里晒一分钟就足以把脸上化的妆弄花，而试图美化指甲（哪怕有这个意愿）也是不现实的，因为"一场衣服洗下来，或者哪怕只是做一顿饭，指甲面就花了。"（20180721-YYF-32岁）

（二）身体的日常护理分化

如果说人的外在装束与其经济资本直接相关，①那么身体的日常护理则显得与经济资本的相关度没有那么直接和紧密，如洗澡的频率这一项指标，它不涉及经济上的投入（几乎可忽略不计的水费、电费），可能更多地取决于个人对自身身体洁净程度与舒适度的要求。而身体的日常护理却是村民对生活的态度、是否注重留给他人的印象（这可能涉及他们的社会交往状态）等一系列问题的重要反映，因而被纳作本研究考量范畴。

在对L村村民的基本情况进行初步摸底后，我们具体针对L村村民"夏季每周洗澡（夏）次数"、"洗澡是否会使用清洁产品"、"家中女主人是否化妆及化妆的频率"、"个人拥有的护肤品数量"、"理发频率"、"是否有烫、染发经历"等问题做了调查（见表4）。研究发现，相对贫困群体更容易忽视对自身的清洁与护理，该地夏季日平均温度达到35摄氏度，而受访谈的相对贫困者洗澡频率都不高，其中有2位持续一周都不洗一次澡，有4位一周只洗一次澡，而天天洗澡的只有2位。相对贫困被访者中不使用清洁产品洗澡的有5位，而被访富人中无

---

① 许多学者都这么认为，比如凡勃伦就强调服装中的"明显浪费通则"，他认为"一切阶级在服装上的消费，大部分总是为了外表的体面，而不是御寒保暖，这种极其平凡的情况是没有人会否认的"，"服装上的消费优于多数其他方式，因为我们穿的衣服是随时随地显豁呈露的，一切旁观者看到它所提供的标志，对于我们的金钱地位就可以胸中了然"。参见：[美]凡勃伦：《有闲阶级论：关于制度的经济研究》，蔡受百译，北京：商务印书馆，2009年版。

人不使用清洁产品。大部分(66.7%)的相对贫困被访者隔两个月以上才去理发,这一指标在另外两个群体那里对应的数值分别为26.7%(富人群体),40%(中间群体)。在护肤与化妆这些身体的额外保养程序上,相对贫困群体则与其他群体呈现出更大的分化,绝大部分(86.7%)相对贫困被访者及其家人都从不或很少化妆,80%的相对贫困被访者及其家人没有烫、染过头发,而这在富人群体中对应的数值为20%与26.7%。

表4　L村相对贫困群体与其他群体身体(形象)管理

项　　目	富人群体		中间群体		相对贫困群体	
	人数	占比/(%)	人数	占比/(%)	人数	占比/(%)
每周洗澡(夏)次数						
一次都没有	0	0	0	0	2	13.3
一次	3	20	4	26.7	4	26.7
一次到三次	7	46.7	8	53.3	7	46.7
天天洗	5	33.3	3	20	2	13.3
洗澡会使用清洁产品	15	100	13	86.7	10	66.7
家中女主人每天都化妆	8	53.3	5	33.3	1	6.7
从不或很少化妆	3	20	6	40	13	86.7
个人护肤品(不包括洁面产品)超过三样	9	60	8	53.3	6	40
多长时间理一次发						
半个月到一个月	4	26.7	3	20	1	6.7
一个月到两个月	7	46.7	6	40	4	26.7
两个月以上	4	26.7	6	40	10	66.7
家中是否有人去理发店做过头发烫、染	11	73.3	6	40	3	20

综上,笔者探讨了L村相对贫困群体与其他群体在饮食消费、身体(形象)管理两个生活面向上的分化。具体呈现在对食物选择、外表装束以及身体打理三个层面上。我们发现,对食物的选择除了受家庭经济条件影响以外,个体对自身发展的观念及意识也是影响食物选择的重要变量:在L村,相对贫困群体(尤其是贫困者中的男性)在选择和食量保持上更重视自己的体力能从食物中获得较好的补充,而富人群体则更在意食物摄入对身体形象的影响。即当贫困群体将食物归于物质和存在的范畴,只重视食物的功能时,富人群体则将食物引入形式、身体表现的范畴。而我们进一步挖掘饮食分化背后的态度,则可观

测出两种生活价值来，对于富人来说，控制饮食的行为正体现其对身体健康与养生的重视，是让现在的欲望服从于未来的欲望的一种牺牲；而相对贫困群体则并不具备那样的长远眼光或意识，他们不考虑身体将承担什么，只重视当下的饮食体验。

与饮食一样，身体是个体的私人化物品，却又是社会化生存的名片。也存在一个“等级空间”，从个体对身体的日常护理以及装束、打扮的调研结果来看，一部分村民，尤其是相对贫困者对身体的认知仅仅停留在“由劳动过程与自然关系所导致的一种工具式视角”，而富人群体则更加重视身体的社会符号功能。纯粹外表的差别由以上所述的姿态的差别（即表现身体、行为、举止的方式的差别）呈现，与社会世界的关系也将受这些身体塑造的差别所影响，具体将体现在相对贫困群体与其他群体的日常交往区隔中，这将在本研究的下一章中具体论及。

第三节　文化投入

“文化”是一个包罗万象的概念，依据对村庄实际经验现象的把握以及结合进一步探讨的方向，本研究从文化“工具箱”中离析出三个考察指标，即闲暇时间的支配、对媒介的应用以及对子女的教育，以此来揭示贫困群体与其他群体在文化投入上的分化事实。

一、闲暇时间的支配——消遣型混日子与发展型过日子

本研究指的闲暇时间是指农民在从事农业生产、家务劳作之外的可利用的空闲时间。之所以将相对贫困群体与其他群体将闲暇时间支配在文化投入的分化部分拿出来探讨，是因为，一方面闲暇时间的支配，具体来说就是村民闲暇生活的质量与其精神世界、文化修养以及可能体现或衍生的文化资本有关。另外，闲暇时间支配的方式也在某种程度上影响着特定群体的村庄融入及群体间的社会交往密切程度。

（一）闲暇时间从村庄公共生活退居核心家庭及个人生活

在传统农业社会中，闲暇与土地密切相连：闲暇融入家庭生活、农业生产以及婚丧嫁娶等仪式和社会活动中。在祖先崇拜、婚丧嫁娶等闲暇活动中，闲暇时间可以说是一种集体性时间，即被抽离了的、集中的时间。在这种公共活动当中，依托于公共空间，集体参与会给村庄生活成员带来共同的情感体验和共鸣，如此形成亲密的共同体关系，而这种共同体关系又深化着村民参与村庄公

共事务的意识以及参与村庄的面子竞争的意识，个人社会价值的获得感从此而来。

随着市场化、社会分化的加剧，当村民谋求耕种土地以外的生计方式时，这种公共性的闲暇生活便开始衰退。调研发现，L村中年及青年人的闲暇生活有退居自己的核心家庭和私人生活的趋势。在现代性的时间框架下，个体的时间呈现出分化特征，就有学者提到，打工经济条件下的挣钱逻辑是一种时间就是金钱的分秒必争的逻辑①，传统乡土社会的时间具有延续性、对等性等特征，而现代性的时间则具有不对等性、层级性以及断裂性：由于村民职业的分化，投入在工作上的时间段和时长也发生了分化，因而“共同有闲”的时间被大大压缩；不同个体因能力差异而导致其花费相同时间所创造的价值②也不等，因而村庄分化下的个体（尤其是相同时间内能产生更多价值的个体）不愿意在产生更低价值的事和人上花费时间。这使得村民越来越重视私人性的闲暇时光。

（二）村庄私人闲暇时间支配分化——消遣型混日子与发展型过日子

依据对L村村民闲暇生活的“全景式”观察，笔者列出了十项闲暇生活方式作为结构式访谈的选项，受访者结合自身情况对选项进行多选。统计结果见表5。

表5　L村相对贫困群体与其他群体闲暇生活方式的主要内容

项　　目	富人群体		中间群体		相对贫困群体	
	人数	占比/(%)	人数	占比/(%)	人数	占比/(%)
看电视听广播	9	60	12	80	13	86.7
看书、报、杂志	6	40	4	26.7	2	13.3
玩手机(游戏、应用)	5	33.3	6	40	3	20
串门	1	6.7	4	26.7	11	73.3
闲逛、发呆	0	0	1	6.7	4	26.7

① 王会：《乡村社会闲暇私人化及其后果——基于多省份农村的田野调查与讨论》，《广东社会科学》2016年第6期，第208页。

② 这里指的价值不仅仅和经济价值划等号，也包含文化价值。譬如个人在劳动过程中花费时间产生劳动价值，在闲暇时间投入的精力可能带来文化价值，这也是获得文化资本的一种渠道。

续表

项　　目	富人群体		中间群体		相对贫困群体	
	人数	占比/(%)	人数	占比/(%)	人数	占比/(%)
打牌、下棋、打麻将	3	20	5	33.3	7	46.7
文体活动(跳舞、唱歌、打球等)	5	33.3	4	26.7	1	6.7
旅游、度假	3	20	1	6.7	0	0
逛街、购物	5	33.3	4	26.7	1	6.7
做美容、按摩等养生项目	4	26.7	2	13.3	0	0

根据统计结果，我们发现“看电视听广播”和“玩手机(游戏、应用)”这两个闲暇项目上，L村相对贫困群体与其他群体呈现出大致一致的趋势，尤其是看电视、听广播可以说是L村最为普遍、大众化的休闲方式。不过，当我们将看电视、听广播、玩手机的具体节目与内容进一步分析时，亦能观察到相对贫困群体与其他群体的分化，这将在我们探讨村民对媒介的使用时进一步呈现。

在以上选择结果中，在大部分项目上都能看出相对贫困群体与其他群体之间闲暇方式选择的差别。除了以上讨论过的广播电视节目，相对贫困群体闲暇方式选项中占据相对较高比例的为串门(73.3%)，打牌、下棋、打麻将(46.7%)以及闲逛、发呆(26.7%)，而这三项在富人群体中对应的数值分别为6.7%、20%、0。当我们聚焦贫困群体选择度较高(并且与其他群体呈现出分化较大)的选项内容时，不难发现，串门、打牌、下棋、打麻将都是一些活动边界狭窄、带有一定封闭性的需要“集体”在场的活动，体现了相对贫困群体闲暇方式的传统性和保守性；另外，从以上项目的性质来看，其对个人的消遣性意义远远大于发展性意义。即他们对闲暇时间的认识仅仅停留在即时性娱乐甚至打发时间上，而未能意识到被打发的时间的更高价值，即用于个人发展、提升个人素养或技能的价值。在可能对个体自我发展有助益的选项上，如“看书、报、杂志”、“文体活动(跳舞、唱歌、打球等)”、“旅游、度假”等选项，受访相对贫困者的反馈大多是否定的：“没读过，没参与，不想看，不感兴趣……”。而我们发现，富人群体以及中间群体在这些项目上的选择率则相对高，40%的富人群体被访者与26.7%中间群体被访者会在闲暇时间读书、看报。让笔者印象深刻的是在一户被界定为“中间群体”的家中客厅里看到了一排矮书柜，放置了50多本书，一部分是少儿读物，一部分则是烹饪、经营管理类工具书。接受访谈的是这个家中的女主人，其丈夫在外跑运输，她则与外村的朋友二人合伙经营流动早餐摊，在两人起早贪黑用心经营下，早餐摊第一年的收入就超过 15 万元。其话语间流露着与生活争分夺秒的“充电”意识：

> 实话说，我没有什么个人的闲暇时间。白天我要摆摊，下午从学校接了孩子要陪她写作业，晚上还要准备第二天的早餐。偶尔能在沙发上休息一下，我就看书，我们两个人总不能一直摆流动摊，太遭罪也太不稳定了，下雨天下雪天我们就摆不成，我们还是想在镇上看一个正式的门面店，慢慢地把我们的摊子正规化。所以啊，我要学习的东西太多了。每天都感觉时间不够用啊。（20180728-HJH-32 岁）

另外，在 L 村富人群体的闲暇时间支配上还呈现出紧贴城市居民生活方式的新趋势，如逛街购物和做美容、按摩等项目，即塑造自己的身体、改善自身形象（从某程度上来看这也是提升个人文化资本的途径）的意识凸显。

如果说部分富人群体与中间群体对闲暇时间的利用和把握是为了积累自己各方面的资本，以促进自身的发展，那么相对贫困群体对闲暇时间的“消耗”和“消遣”呈现更多的是消极的“混日子”的态度。“混日子”的说法来自李支书：

案例 3-4：

> LK，男，47 岁，务农。闲暇时间几乎都泡在麻将桌边，有时候不愿意间断娱乐，就叫其媳妇儿把饭送到牌桌前，而且经常玩到深夜才回家。他家媳妇儿为此跟他闹离婚，但是俩人一直吵吵闹闹，始终未走到那一步。就在前不久，有天晚上，他媳妇儿出门去找在外打麻将的 LK，结果在村头被一辆车子（四轮车）撞倒，右腿及右胳膊骨折。他们嫁到外村的女儿回来照顾了一个多月啊。在儿女的要求下，LK 承诺戒掉麻将。不过等女儿回婆家后，他又一头扎进了麻将室。

通过对村民闲暇生活方式的解剖，不难发现，“混日子”其实是相对贫困人口内生发展动力不足的表现，上文提到的 L 村流动早餐摊摊主 HJH，从她的谈话里流露出对时间的紧迫感以及对未来规划的积极态度，因为她对未来充满了憧憬，有奋斗的目标，所以她的闲暇时间用来个人充电与发展；相较之下，同村的 LK，之所以沉迷于麻将娱乐，很可能是由于其没有奋斗的目标，对未来生活没有期待，过一天算一天，荒废了宝贵的时间。

二、对媒介的应用——封闭的视域与开放的视域

对 L 村村民闲暇时间的支配方式的调查结果显示，媒介（电视节目、书本杂

志、手机）的应用，在L村村民闲暇时间的支配中都占有较大的比重。通过进一步深度访谈，笔者发现在具体媒介的内容选择上，不同群体也存在着不可忽视的分化与差异。对电视节目内容、书本、杂志以及手机应用的选择与投入不仅仅涉及人们的闲暇方式的类型化差异，而更深层次的体现在选择不同媒介内容与个人发展的相关性上。大众媒介作为连接人与人、人与社会的新兴产物，是人们（尤其是相对闭塞的村庄生活者）向外开阔视野的窗口，是其与外界连接的桥梁，更进一步看，也潜移默化影响着村民们的生活及生计方式。已有学者从媒介应用与村民生计选择①、媒介应用与村民公共事务参与②的相关性等方面做了详尽的论述。基于媒介使用对村民个体发展的综合影响，笔者认为将村民使用媒介情况这一部分纳入文化投入分析显得十分有必要。笔者考察了L村相对贫困群体与其他群体对三种媒介③的使用情况，分析“对电视节目的选择”、

---

① 学界对职业信息、生产信息和市场信息对农户实现就业、高产与增收进行了大量研究：有学者论证了不同的媒介获取与农户对农业及市场政策信息的影响效果和接受程度差异，参见：马九杰，赵永华，徐雪高：《农户传媒使用与信息获取渠道选择倾向研究》，《国际新闻界》2008年第2期；吴本健，胡历芳，马九杰：《社会网络、信息获取与农户自营工商业创办行为关系的实证研究》，《经济经纬》2014年第5期；杨柠泽等：《信息获取媒介对农村居民生计选择的影响研究——基于CGSS2013调查数据的实证分析》，《农业技术经济》2018年第5期。还有学者证明了使用媒介对于农户增收的相关性，如王建华等证明了农户通过信息手段收取信息并进行存储，加工处理以及传播信息可提高农户的知识技能并以资本量的形式体现，参见：王建华，李录堂：《信息手段对人力资本和农户经济增长的影响研究——以固定电话和电脑网络数据为例的实证分析》，《华东经济管理》2013年第3期；有学者指出了媒介在传播农民在返乡创业过程中的生命历程以及相关经济、政策、金融等信息在价值变迁和社会互动模式等方面的示范和激励作用，参见：成婧：《农民工返乡创业历程的媒介传播研究——以中国农村题材电视剧为例》，《中国广播电视学刊》2016年第7期。

② 对农村居民在大众传媒时代的政治参与的研究整体表明：在日趋“半熟人化”的农村社会中，媒介有利于凝聚集体意识，增强农民内部政治效能感，协力解决村务中的难题。如有学者通过实证研究发现农村居民对传统媒介的使用对其公共事务的话语参与、行动参与具有显著的正向效应，参见：张蓓：《媒介使用与农村居民公共事务参与的关系研究——基于CGSS2012数据的实证分析》，《江海学刊》2017年第3期。还有学者得出“在控制人口学和教育社会等资源变量以及心理卷入变量后，模型表明媒介有利于中国农民的温和型政治参与”，“在农民的政治沟通和联系行为方面，数据表明电视、报纸、广播和人际关系有助于加强农民和政府官员、人大代表和党组织的联系”，参见：陈鹏，臧雷振：《媒介与中国农民政治参与行为的关系研究——基于全国代表性数据的实证分析》，《公共管理学报》2015年第12卷第3期，第80页。

③ 由于L村几乎绝大部分村民家中（95%以上）都没有配置电脑，因而不对村民使用电脑及上网情况做考察。

"对书本的选择"、"对手机应用的掌握",形成了表 6。

表 6　L 村相对贫困群体与其他群体对媒介的应用情况

项　目	富人群体		中间群体		相对贫困群体	
	人数	占比/(%)	人数	占比/(%)	人数	占比/(%)
对电视节目的选择						
新闻、时评类节目	8	53.3	6	40	2	13.3
综艺类节目	2	13.3	4	26.7	4	26.7
电视剧、电影类节目	5	33.3	4	26.7	7	46.7
不看电视	0	0	1	6.7	2	13.3
对书本的选择						
故事、小说类	3	20	4	26.7	3	20
历史、政治等人文社科类	3	20	2	13.3	1	6.7
专业技能类	4	26.7	5	33.3	3	20
散文、杂文(文学性较强的)	1	6.7	0	0	0	0
不看书	4	26.7	4	26.7	8	53.5
对手机应用的掌握						
是否会用微信、QQ 等聊天软件	13	86.7	13	86.7	11	73.3
是否会用手机浏览新闻	12	80	10	66.7	6	40
是否会用手机玩游戏	2	13.3	4	26.7	1	6.7
是否在手机上看电视节目	4	26.7	5	33.3	1	6.7
不用手机上网	1	6.7	2	13.3	4	26.7

结合深度访谈,笔者了解到不同群体对媒介的使用与其经济情况有一定相关性,如被访贫困者有两位选择"不看电视",是由于其家中没有购置电视;不用手机上网的有 4 位,原因是其手机非智能机,不具备上网功能。

从表 6 来看,我们尚未得到 L 村不同群体对媒介的使用与其既有资本量的关联,不过依然可以窥见相对贫困群体与其他群体在媒介使用上的分化,主要体现在相对贫困群体的媒介使用多倾向于娱乐、放松功能,而疏于打开视域关心时事政治;富人群体及中间群体则明显更关心新闻。从电视节目的选择来看,相对贫困群体更多地选择综艺类节目(26.7%)和电视剧、电影类节目(46.7%)偏娱乐、放松的节目而较少收看新闻、时评类节目(13.3%),相对贫困群体对其他两项媒介的使用同样也体现了"亲娱乐"和"疏时事"的态度,分别表现在 15 位被访谈者中只有一位读书以历史、政治等人文社科类书籍为主(事实上在访谈结果里,15位相对贫困被访者中也只有这一位提到了自己对人文社科类书籍有所涉猎),只有6位会使用手机上网浏览新闻。兴趣导向下媒介内容的选择的分化一方面塑造着相对贫困群体与其他群体日常交往的区隔;而另一方面,新闻以及时事评论有助于拓展民众的知识结构,提高农村居民对国家政策及社会动向的认知,在此基础上提升村民对自身发展前景的信心和意识,而大部分相对贫困群体疏离新闻、时事的选择,无疑关闭了"世界之窗",很可能使其失去上述提升的机会。

为什么相对于其他群体,相对贫困群体对人文社科类知识以及新闻的关注更少?当我们转而去了解被访者的文化程度(受教育程度)时,得到了一种可供解释的路径。15位相对贫困被访者的平均受教育年限为5.5年,其中受教育程度最高者为初中学历(1位),受教育程度较低者则为小学一年级到三年级不等。一方面,他们的文字储备量未达到阅读人文社科类的书所需的水平,而他们的有限的理解能力也构成了将零散单个的字符进行通篇阅读的障碍;另一方面,他们没有阅读和看新闻的兴趣,因为他们很难在其中找到和自己正在经历的生活密切相关的内容。在客观条件约束(教育程度)与自身选择以及经验的互构下,久而久之,他们便习惯性地疏远和自身利益表面上看起来不具备相关度的外部世界,同时,也可能被外部世界所遗弃(疏远)。

三、对子女的教育——将子女教育托管给学校与融入家庭生活的教育

教育是家庭进行社会再生产的主要途径,[①]同时也在阻隔贫困代际传递[②]以及消除贫困恶性循环中发挥关键作用。[③] 因对教育的期待,以及所持的文化

---

① Treiman D J : Industrialization and Social Stratification. Sociological Inquiry, 1970, 40 (2). :207-234.

② 贫困的代际传递概念来源于社会学的阶层地位研究,即贫困家庭与贫困社区具有贫困在代际传递的现象,处于贫困状态下的父母很有可能通过某些机制将与贫困相关的各种不利因素传递给子女,从而致使子女的贫困,甚至进一步将不利因素继续传递给后代的一种恶性循环过程。参见:Solon G:A Model of Intergenerational Mobility Variation over Time and Place. Cambridge University Press, 2004.

③ 自20世纪60年代以来,对教育投资和人力资本投资所带来的家庭及个人收益已有许多实证研究。这些研究充分证明了受教育水平与劳动生产率的相关关系。舒尔茨在《论人力资本投资》中提出人力资源水平的提升依靠教育的投入。教育是人力资本形成的基础,可以切断贫困的恶性循环链。

资本和经济资本差异，不同群体对子女的教育的投入体现出差异与分化，[①]在生活风格视域框架下，笔者发现L村贫困群体与其他群体在子女教育上的分化主要体现在是否将教育纳入家庭日常生活中。

随着国家义务教育的贯彻落实以及对文化资本在市场中作用的认识，对子女教育的意识得到了普遍的强化。对于L村来说也不例外，主要体现在L村近几年无一户家中子女在义务教育年龄阶段辍学，以及受高等教育的人在同龄人中的比例逐年增加上。[②] 不过，随着村民们对教育的重视，不同层次群体间对教育重视的方式也逐渐产生了分化。进入L村之前，笔者设想不同层次群体应该在子女教育花费上呈现较大差异，实际进入村庄后笔者发现，二者之间的差异并不显著。L村相对贫困群体事实上很舍得在子女教育上花钱，但因为自身文化资本欠缺，导致"钱没花在点子上"。学校是教育传递的正规化场域，而家庭是子女社会化的第一场所，并且贯穿着人的一生。笔者发现，许多家庭都将学校视为对子女进行教育最权威且唯一的场所，将"受教育"仅仅理解为吸收、获取书本知识，是和试卷分数、通向高等教育和资格证书相关的行为，于是将子女的教育全权"托管"给学校。

(一)教育——"那是学校的事儿"

案例3-5：

被访者YHN，女，35岁，住在村西北部。家中住房为一个大通间，进门处为饭厅，是一家人吃饭、看电视的空间，里面则摆了两张床，一张大床，一张小床。其丈夫此前在外不定期揽一些建筑活(年收入3

① 20世纪60年代末，威斯康星学派进行了将"教育期望"纳入家庭背景对教育和职业获得的影响研究。他们认为教育期望是影响家庭教育投资的重要因素，既与父母的教育程度、职业、经济收入等客观因素有关，也同父母本身对教育的价值观念和教育成就动机等主观因素相关。可参见：William H，Vimal P S：Socioeconomic Status，Intelligence，and the Attainment of Higher Education，Sociology of Education，1967(40)：1-23.还有许多学者都探明，文化资本丰富的家庭，父母通过"有意识的"行为(如对孩子的教育投资等)传递文化资本，也会"潜移默化的"行为(如自身的阅读习惯等)对孩子产生影响。如文军等学者指出，父母自身的阅读习惯和兴趣爱好以及父母与孩子的家庭互动都对子女教育起着重要作用，参见：文军，李珊珊：《文化资本代际传递的阶层差异及其影响——基于上海市中产阶层和工人阶层家庭的比较研究》，《华东师范大学学报(哲学社会科学版)》2018年第4期，第106-107页。

② 这两项数据为L村村支书提供。

万元左右)，她则在家照看儿女。女儿14岁，上初中二年级，儿子8岁，上小学二年级。丈夫患风湿病后回家，专事农活：种了2.5亩庄稼，喂养4头牛。今年(2018年)五月，YHN进入村扶贫车间做缝纫工作。YHN受访谈间，其丈夫正躺在床上看手机，女儿坐在电视机前看电视(偶像剧)，儿子在镇上上托管班(据了解，是一个指导不同学龄儿童写暑假作业的机构)，丈夫与女儿各自牢牢盯着手机与电视，两人之间无任何交流。YHN谈及今年在女儿的教育投入相对较大，是因为：今年初，给女儿买了一部"可以用于上网查找学习资料"的手机；女儿说科学课老师要求收看CCTV某科教节目，因而在女儿的要求下(也是为女儿的视力考虑)，家中专门购置了42寸的高清彩电。YHN称自己与丈夫闲暇时间就看看手机和电视，丈夫喜欢在手机上看网络小说，自己则喜欢看情感类的电视剧。当被问及"日常生活中是否有和子女共同做(完成)什么事情(活动)"时，YHN回答："我们在一起做的最多的事情就是一起吃晚饭，再就是一起看看电视咯，还能做啥?""您不陪孩子写作业吗？好像现在很多作业要家长配合完成，还要家长签字。""嗨！我都看不懂，所以不是还花钱把小的(儿子)送去托管嘛!"

YHN一家的例子可以体现出这一家人对子女教育的重视：为了满足女儿的老师提出的收看科教节目的要求，为其更换了高清电视，考虑到女儿查找资料的便捷，给女儿配备了手机……然而有限的文化资本限制了他们对教育的认识——显然他们并不能完全理解教育的"真谛"，所以才将学校教育视为唯一权威，对学校发出的"指令"不加判断地"惟命是从"。

(二)另一种教育景观——融入家庭生活的教育

案例3-6：

HJH[①]，女，32岁，其丈夫在外跑运输(一个星期或半个月回来一次)，她与外村的朋友二人合伙经营流动早餐摊。她有一个8岁的女儿，上小学二年级。其家中客厅里布置了一个"读书角"，摆放了一排矮书柜，大概放置了50多本书，一部分是少儿读物。矮书柜上方的墙面贴了十余张奖状，客厅沙发背靠的墙面贴了两张地图——国家地图

① 在前文"闲暇时间支配"部分也出现过对其的访谈。

与世界地图。HJH每天会亲自接女儿放学，然后陪女儿写作业，一起坐在图书角看书，“我跟她一起学习，如果有不知道的就在网上查，对我的帮助也很大”。HJH给女儿报了两个课外班，一个是舞蹈班，一个是电子琴班，“周末正好不出摊，我负责接送她去学舞蹈和电子琴，她在学的时候我就在旁边看着，多少能明白一点。这样回来后也好监督她练习”。她没有给女儿报文化课补习班，原因是“孩子现在还小，主要想培养她的个人综合素质，毕竟成绩好不是她将来唯一的出路嘛，而且我在报班前问过她的意见，这也是她想学的”。

无独有偶，我们在L村其他富人群体中也发现了一些人和HJH（中间群体）教育方式趋同。他们在对子女的教育期待、与子女的互动上呈现出和相对贫困群体不一样的图景。首先，他们的视野显得更为开阔，将相对贫困者视域中的“考试教育”扩大化为一种综合的智力、情感的教育，因而将教育纳入家庭生活，通过言传身教促进子女对良好习惯的内化；其次，他们并不将“教育”与“学历”等同，而更多地将教育视为提升个人素质的渠道，而非唯一参与社会竞争的路径。

以上，笔者从闲暇时间支配、对媒介的应用以及对子女的教育三个面向切入，探讨了相对贫困群体与其他群体在文化投入上的分化。具体而言，在村庄公共闲暇生活退居核心家庭及私人生活的趋势背景下，相对贫困群体与富人群体选择的闲暇生活方式存在的分化与差异体现在，相对贫困群体闲暇方式活动边界狭窄，带有一定封闭性、传统性和保守性，另外就闲暇活动内容来看，相对贫困者的活动更偏消遣性娱乐，即以一种打发时间的态度“混日子”，而富人群体对闲暇时间的安排则体现出其朝着累积自己各方面资本以促进自身发展的方向努力“过日子”。在对媒介的应用上，笔者发现相对贫困群体对媒介的使用更倾向于媒介的娱乐、放松功能，而鲜少关心时事政治，这与相对贫困群体狭窄的视域和眼界形成了互构。在对子女教育方面，L村村民普遍体现出了对教育的重视，相对贫困群体与富人群体在对子女教育上的分化主要呈现在是否将教育纳入家庭日常生活中。由于自身文化资本的欠缺与匮乏，相对贫困群体更多地将子女教育的希望与责任寄托于学校与其他教育机构，而未能意识到家庭成员言传身教的代际传递性，而且他们更多地将获得学历视为教育的唯一结果，并视其为家庭突破贫困困境的砝码。以上所呈现的相对贫困群体与其他群体的分化，也成为社会分化的表达渠道和强化机制，强化着相对贫困群体与其他群体的边界。

第四章 区隔：相对贫困群体与其他群体的关系及建构

居住模式及空间配置、饮食及身体（形象）管理、文化投入是人们日常生活实践的基本面向，这种日常生活实践形式不仅构成了社会分化，也成为社会分化的表达渠道和强化机制，强化着相对贫困群体与其他群体的边界。社会区隔具有差异性和优越性的双重特性：在社会空间中占据优势地位，或对自身文化抱以优越感的人，会通过维持自身的感知和生活方式，并在其与其他群体共同所在的场域塑造出有利于自身的竞争性等级体系（通过彰显其"自由品味"或"奢侈品味"塑造竞争规则）从而强化社会区隔；而社会空间中的其他群体可以通过追随、参照这种"被标榜"的品味塑造自身，以在竞争中占取理想的社会地位与声望[①]。一部分群体通过自身努力和参与竞争，得以和富人群体"打成一片"；也有一部分人，因与"自由品味"距离太大，无论如何尝试都始终无法适应村庄中"通行"的竞争规则，在被塑造的社会区隔中逐渐被边缘化。这种边缘化也非单向性活动，面对在竞争场域中"降级"的风险，相对贫困群体可能会转移将产生的"挫败感"，从而将自身隔离于竞争体系之外。

在这一部分，笔者将"区分"的表象渗透入本土情境中，从而挖掘生活风格分化背后相对贫困群体与其他群体的关系及建构逻辑。结合 L 村调研的实际经验，相对贫困群体与其他群体之间的区隔主要呈现为村庄中相对贫困群体与其他群体日常生活交往的疏离，与村庄村民仪式人情交往中的断裂以及村庄政治参与的缺席。

① 一方面这是一种在熟人社会追赶他人、超越他人的竞争性意识，另一方面也有学者认为这是一种趋同的心理倾向，社会心理学上称为"从众"，即个人在行为上表现出与群体相一致的现象。参见：周晓虹：《现代社会心理学：多维视野中的社会行为研究》，上海：上海人民出版社，1997 年版，第 342 页。

第一节　日常生活的交往区隔

在中国传统乡土“熟人社会”中，社会交往是村民生活的重要组成部分，一方面，村民的基本生产生活需求需要通过交往活动来满足；[①]另一方面，村民在村庄中追求社会价值的过程亦离不开交往活动。[②] 经历了时代变迁与社会转型，农民的生计方式也从以农业生产为主向务工、经营以及多元兼业转变，在突破村庄地域界限的生计活动中，村民的社会交往活动也随之扩展，而曾经基于地缘交往活动所建立起来的社会关系已经无法满足村民的生活需要。不过，由于村庄依然是大部分村民生活的主要场域，因而个人及家庭“过日子”所追求的社会价值依然需要通过与“在场者”的社会交往得以实现。

在传统的乡土社会中，村庄内部家庭及个人在生产生活方面具有高度的同质性，这就意味着其他村民所能提供的帮助也大体具有同质性，当个体或家庭需要协助时，村庄中的任何人都可能成为其选择的对象，即这种交往在某种程度上看是一种“不加选择性”[③]的行为。而随着村民生产活动在村庄场域中逐渐脱嵌化，职业分化下的村民的家庭经济水平与闲暇时间也产生了分化，因而社会交往被赋予了“选择性”的特征，表现在村民会依据自身的发展状况以及发展目的（工具性目的）或情感交流需求（情感需求）有针对性地选择或回避交往的对象，这在实质上就构成了区隔行为。

---

① 在传统社会中，由于个人能力的有限和认知的局限性，物质生产实践很难依靠个人的自身力量来完成，因此邻里之间需要相互合作、交往。基于土地之上的农业生产实践更是如此，村民间的互助性力量是农业生产活动得以进行的重要支撑。

② 许多学者都探讨了农民的社会价值，如贺雪峰指出人的社会价值是关于人与人之间关系，关于个人在群体中的位置及所获评价，关于人如何从社会中获取有意义的价值，即强调农民在村庄中的荣誉和声望。参见：贺雪峰：《农民价值观的类型及相互关系——对当前中国农村严重伦理危机的讨论》，《开放时代》2008 年第 3 期，第 53-55 页。王德福则在“过日子”的框架下讨论了过日子的社会性和超越性，认为“生活竞赛”是日子过下去的深层动力，即“农民以家为单位展开的以谁家日子过得更好更红火为内容的社会性竞争，所竞争的就是村落社会评价体系中的肯定性位置”。参见：王德福：《做人之道：熟人社会中的自我实现》，华中科技大学博士学位论文，2013 年，第 111 页。

③ 正如费孝通所言：“生活上被土地所囿注的乡民，他们平素所接触的是生而与俱的人物，正缘我们的父母兄弟一般，并不是由于我们选择得来的关系，而是无须选择，甚至先我而在的一个生活环境。”参见：费孝通：《乡土中国》，北京：北京大学出版社，2012 年版，第 6 页。

一、住宅空间与交往隔离

在前文探讨村庄分化图景处，笔者展现了L村相对贫困群体与其他群体居住模式及空间配置上的分化：L村不同群体之间呈现出住宅区位的分化以及空间格局（房屋大小与私人化空间有无）、居住风格的分化，具体表现在地理位置条件上，经济条件优越的富人群体的住宅在区位上紧靠通往镇上的公路以及商业街道，体现出交通和商业的便利性和优越性，而远离公路的村庄内部则密集地扎堆着底层相对贫困群体的住宅；在住宅面积与格局上，富人住宅的面积较大，而相对贫困群体的住宅基本不具备私人化的空间。有学者指出空间是一种新的生产方式，它既包括物质的再生产，又包含社会关系、文化和哲学的再生产，①以上客观呈现的分化，也潜移默化地构建着不同群体的交往选择与格局。

（一）"扩大的住宅"与"缩小的圈子"

在笔者与L村村民的访谈中，许多村民都提到，自家的住宅是越做越大了，而来做客的人却越来越少了。如村民（富人）LJS提到：

> 在我还很小的时候，我爸在村里干会计，人缘广。当时我家也就在这里，不过是土坯平房，一个小院子。我记得夏天傍晚的时候，总是有很多邻居到我们家来开会似的拉呱（聊天），可热闹啦！就坐在院子里，有蚊虫咬啊大家也不在意。有时候我家的凳子都还不够坐哩！现在我们家条件也好了，房子变大了，客厅里装了空调，这么好的条件，来做客的人是越来越少了。我爸他们聊天啊、打牌啊都上外面去。（20180729-LJS-29岁）

从"门庭若市"到"门可罗雀"，为什么住宅越来越大，串门的人却越来越少？当将这个问题抛给中间群体与相对贫困群体时，他们中的一些人给出了这样的回应：

> 我之前有一个挺亲的姐妹，嫁得怪好，住在东面（即靠公路近的"富人区"），房子去年才建起来的，装修得很豪华啊！是叫个什么欧还是美式的风格。房子一搞好就忙不迭地拉我去她家里参观了。啧啧啧。一下子拉我看她的皮沙发呀，一下子又秀那个有半面墙大的超薄

① Henri L V：State，Space，Territory. London：University of Minnesota Press，2009：211.

电视机，一直说这个多少钱啊，那个多少钱啊。哎。我顿时觉得跟人家不是一个档次的，坐在皮沙发上都不舒服，还怕给人弄脏了。我觉得她家发达以后和原来不一样了，和她相处总觉得怪怪的，我老公也说有这种感觉。后来她再叫我去她家我就不想去了，我叫她来我家里吃饭，她也来得比之前要少了，每次来坐一下吧，眼睛就四处看，好像挺嫌弃我这儿似的。(20180723-QL-33 岁)

我儿子和他家儿子是同班同学，有时候我儿子就去他家里写作业。我儿子很喜欢去他家里写作业，想也想得到，两个人在一起写作业，肯定是打打闹闹、写写玩玩。每次儿子从他家里回来都会吵着要我给他买什么 Pad 的啊，有时候也会吵着要人家有的玩具，心都变野了……我也去他家接过几次(儿子)，每次去他家好麻烦，又是要换鞋套啊又是要干啥的，规矩太多！(20180730-LS-36 岁)

以上两个案例从某种侧面揭示了一部分经济一般的群体或相对贫困者退出富人的交际圈的心理动机。住宅条件将村庄中的贫富差距外显化，一方面，这种贫富差距塑造的不平等、不平衡的社会心态割裂了原本无缝隙的感情，如 QL 的例子，她"一跃千里"的姐妹有意或者无意地对她表露生活幸福感，这种表露被停滞在原地的她视作是在"炫耀"、"露富"，尤其是当她身临其境地感知到这种贫富差距，以致于无法再像从前一样维护自己的"颜面"，于是主动退出了和对方的交往。另一方面，优化住宅的需求其实是对生活质量需求的一部分，因而住宅条件的优化也不可避免地意味着户主在维护、打理住宅上的要求，对于户主自身来说可能是融于习性的一种追求，对于其他群体来说，则是在塑造"规范"——在"我"的空间领域里，何种行为是合适的，何种行为是不合适的。这些被塑造的规范无论是有意识的还是无意识的，都无疑提高了"自家的门槛"，形成与其他群体(尤其是相对贫困群体)的区隔。

需要补充说明的是，以上两位被访者与他(她)们谈及的富人之间的维系更多的是靠地缘纽带，而 LJS 所反映的"缩小的圈子"亦是传统意义上的基于地缘和亲缘发展的交往圈子。基于地缘圈的交往可以说是广泛而不加选择的(因而便会出现 LJS 儿时门庭若市的景观)，而富人由于生产或生活的需要，会在业缘与趣缘上重塑自己的交往圈，于是一部分村民便被筛选出去了(不过这并不妨碍有些"利益依附者"会努力扎进其社交圈，如笔者在村辣椒酱企业主家中访谈的两个半小时里，其家中先后来了两拨访客，一拨访客是给一位熟人介绍工作的，另一拨访客是来谈辣椒收购的合作，家中显得"人气十足")。对交往圈的筛选可能是富人"缩小的圈子"的更为根本的自致因素。这与笔者接下来要阐述的相对贫困群体的"有限的空间与有限的圈子"构成本质上的差异。

(二)有限的空间与有限的圈子

同样曾经“门庭若市”的贫困户也经历了向“门可罗雀”的转变。如果说上文讨论的富人“扩大的住宅”是构成其“缩小的圈子”的假象，那么相对贫困群体“有限的空间”与“有限的圈子”之间则存在真实的关联。

1. 被边缘化的有限空间

笔者在上一章中讨论了L村村民日益注重的个人隐私，而空间的局限性(不加分隔的，将隐私暴露在外空间)正逐渐构成串门动机的阻滞力量。在村民消费能力的提升和对个人自由的追求下，L村近些年住宅的人均享有面积呈现出扩大的趋势，私人空间也有延展，而仍有部分发展相对滞后的相对贫困群体没有能力改善居住条件。受居住面积的限制，L村大部分相对贫困农户都住在人均居住、活动面积仅为10—20平方米的住宅，无一户家庭中子女享有独立的房间。面对他们的生活场景和生活习性的“赤裸裸”呈现，对于已形成隐私观的村民来说，这种“在场体验”则如临窘境。

> 现在人与人的相处之道啊和原来真的不一样了。原来串个门好像也没有这么多顾虑，比如我总去的××家，我们都还单身的时候，我还总去他家里和他睡一张床呢。现在每次去找他，他媳妇儿就坐在屋里头，他家也没有个隔间，都是通的。有时候找他，隔着纱门，看他媳妇儿坐在床上，我都不好意思进去了。(20180722-LYM-29岁)
>
> 有些人家里啊，真是去不得。你是城里来的，估计看到了更不好意思。我们这儿有些人家很不讲究的。这大夏天的天气热，闷得不行，指不定多少人在家光着身子呢。叫我有时候去看着了，都觉得怪尴尬。(20180802-GZ-31岁)

如果说富人群体居住的空间享有中心优势，那么相对贫困群体居住的空间则处在边缘地位。边缘是理解与界划空间存在的一个基本参照，在界定、区分空间的同时，自身也在生产一种特殊的空间形式，即边缘空间。[①] 边缘空间始终是相对于中心地带而言的，中心具有空间的话语权和定位权，就像在L村悄然萌芽的“隐私观”，逐渐成为发展较快的群体所建构的隐性社会规范，在确定交往边界时发挥作用。未能“遵守规范”的人则逐渐被边缘化，作为一种被遗忘和

① 陈良斌:《边缘空间视域下的承认政治》,《华中科技大学学报(社会科学版)》2014年第5期,第47-53页。

被漠视的“他者”存在。[①]

2. 制造孤立——越闭越紧的“寒舍”

一方面，相对贫困群体的居住空间被贴上“边缘空间”的标签，不少相对贫困群体都意识到光临自家的人越来越少了，人来的次数也在减少。另一方面，面对这种改变以及被贴上的标签，他们中的部分人则选择主动接纳，并试图制造孤立——主动选择将自家大门越闭越紧。

案例 4-1：

FTX，56 岁，无子女，与妻子二人在村中生活。多年前他们曾生下一个儿子，儿子不到十岁因病去世，后再没有孩子。FTX 身体状态良好，主要打理家中 4 亩地，偶尔也接一些零工活。其妻子 49 岁，患有糖尿病和高血压，看起来比实际年龄要显苍老，主要在家料理家务，极少出门。其住宅位于 L 村最北面，近农田，周边零零散散住着几户人家，不算密集。其房屋占地面积 80 余平方米，平房、土坯加木质结构。家中摆设比较凌乱，主要的家具都为未上漆的老式家具，有的已残破不堪。摆在客厅中央的方餐桌表面有两条裂缝，三把木椅的座椅面也都出现裂缝。家中电器仅有三样：一台电饭煲、一台电视机和一台坐式电风扇。FTX 表示很少有人上他家串门，“门前的路不好走，家里太乱了，地方又小，来了客都不知道给人家坐哪儿。再说了，咱家也不像别人家有啥好的招待的，我去别人家别人给我‘泰山’、‘中华’抽，而到我这里来我就只能给人家抽‘红双喜’。就怕别人嫌我们寒酸啊。”（20180722-FTX-56 岁）

现在人和人结交啊，也要看家里背景的。跟咱是一路人，跟咱家条件啥情况都相当的，来往起来比较自在，你上我家吃个饭啊，我上你家拉呱啊，那都是很自然发生的事情，处起来不会感到尴尬、不自然。大富大贵的瞧不上我家，不上我家来，我也没必要去攀这个交情，你说是吧。（20180721-LTL-47 岁）

以上案例中可以捕捉到相对贫困群体适应“空间边缘化”的两种心态，前者可以说是出于“礼尚往来”的人情性社交不均衡导致的退出社交圈，而后者则更近乎一种自始至终的“不在场”状态。前者是对社会建构的边缘化的被动适应，

---

① 陈良斌：《边缘空间视域下的承认政治》，《华中科技大学学报（社会科学版）》2014 年第 5 期，第 47-53 页。

而后者则是在进行区隔的自我建构。

二、闲暇的分化与活动区隔

前文中，笔者勾勒了L村村民闲暇分化的面貌：首先，闲暇由一种“集体性时间”向“个体性时间”转变，即从村庄公共生活退居到核心家庭及个人生活；其次，村民闲暇时间的支配在数量和质量上亦呈现出较大的个体化差异。这些分化与差异也塑造了不同群体间日常交往的区隔。

（一）不共时下退出公共活动

> “近些年来，咱们村一个很明显的变化就是公共活动大幅度减少了。之前尤其是农闲季节，常常在村里看到一团一团的老百姓簇拥在一起，打扑克呀、下棋啊、跳大绳啊等等，现在这种热闹的场面是很难见到啦！能在公共活动区域见到的只有为数不多的几个老年人，坐在一起拉拉呱，不多久又散了。”村支书LDS说。

在村民们都从事农业生产的时代，其在作息时间上基本趋于一致，因而可分享的闲暇时间也是吻合的。由于村民们职业上的分化，其投入在工作上的时间段和时长也发生了分化，因而“共同有闲”的时间被大大压缩，而对于有意愿参与公共活动的村民来说，只能“少数服从多数”。

案例4-2：

WT，女，34岁，户籍人口6人，其公婆、丈夫以及两个儿子（大的8岁，小的4岁）。其丈夫在县城里开出租车，公婆在家务农，WT则负责在家料理家务以及照看孩子。公婆今年（2018年）以前身体都不错，直到今年初，67岁的婆婆中风，因送去医院不及时，落了偏瘫，于是WT除了料理家务和照看孩子外，还需投入更多精力照顾婆婆。WT此前最大兴趣就是在跳广场舞上，由村里几位条件较好的妇女们商量着请的镇上的舞蹈老师，每周一、三、五在村活动广场上教授舞蹈，WT几乎一节课都没有落下。自从婆婆生病后，就只能偶尔去一次，而间断性的参与使WT越来越跟不上课程内容，慢慢地和一起跳舞的人也生疏了，WT后来就没怎么再去过了。“其实我之前本来一个周去跳三次，家人已经有点意见了，觉得一个妇女家的总是晚上跑到外面去。我外头人（丈夫）本来也不支持我总是和一起跳舞的那几个家庭条件优越的妇女走得太近，他讽刺说我和她们不是一个世界的。”WT长叹一口气，“是啊，人家有的是空闲时间，想做啥就做啥，我们就不行，限制太多了。”

(二)“不对等”的时间塑造区隔

前文提到，传统乡土社会的时间具有延续性、对等性等特征，而现代性的时间则具有不对等性、层级性和断裂性，由于不同个体因能力差异而导致其时间所创造的价值也不对等，因而村庄分化下的个体(尤其是其时间能产生更多价值的个体)不愿意在不能产生同等价值的事和人上花费时间。从笔者对L村相对贫困群体与其他群体闲暇生活方式的主要内容(表五)的调查结果来看，相对贫困群体更倾向于选择看电视、听广播、串门、打牌、下棋、打麻将等消遣性意义远大于发展性意义的活动，而富人和部分中间群体则倾向于选择对个体自我发展有所助益的文体活动，如阅读、跳舞、美容、旅游等。

如果说“串门”、“打牌”这些娱乐活动对于参与者几乎没有要求，那么“美容”、“旅行”、“跳舞”等活动则对“参与同伴”有着较高的门槛限制，要具备一定的财力，因为每一项都需要不少的花销，还需要大家有共同有闲的时间。另外，它要求参与者以共同或相似的趣缘或品味为基础。对于L村大部分相对贫困群体来说，很难符合其中一项，因而被排除在这些活动之外。

也由于时间的价值不对等，不难理解，相对贫困或中间群体为了融入富人圈，或从富人那里得到帮助，他们可以为了加入富人的休闲圈而甘愿付出一些代价，比如不惜“交学费”[①]花时间陪富人打麻将等(在富人需要的情况下)。而反过来，富人则基本不会主动花时间和精力去参与相对贫困者的活动，因为这是一种低效用的社会关系。

三、“吃不消”的交往内容消费化

进一步洞察相对贫困群体与其他群体的闲暇娱乐方式会发现，它们是由其品味与经济实力决定的，而正由于品位和经济实力在此处可以发挥其“价值”，因而被用来在闲暇娱乐方式中实现个体“证明自身”的社会期待。布迪厄挖掘了不同层次群体花费在自身上的时间和精力背后所蕴含的社会期待，他认为：不同阶级对自我表现的兴趣，对自我表现的关注，对自我表现带来的利益的意识和他们真正给予自我表现的时间、精力、节食、保养的投入，是与他们可能从

---

① “交学费”在民间指牌场新手初来乍到所输钱的行为；在本文语境下指为了迎合富人或本身技不如人，而在牌场上输钱的行为。

自我表现中合理地期待的物质或象征利益的机会成比例的；而且，更确切地，所有这一切都依赖一个劳动市场的存在与进入这个市场的各个部门的机会。[①]凡勃伦同样指出了娱乐性消费背后的符号性意义，即“任何现代社会中的大部分人所以要在消费上超过物质享受所需要的程度，其近因与其说是有意在外表上的消费上争雄斗富，不如说是出自一种愿望——想在所消费的财物的数量与等级方面达到习惯的礼仪标准”[②]，从而获取自身的社会性价值。

证明自身的社会地位与身份需要以消费来彰显，同时，品味和经济实力也正成为村民们社会交往的重要基础。由于不同层次群体的经济收入存在分化，因此不同群体的成员所能承担的交往成本也不相同，这种交往成本无疑构成了不同层次群体间交往活动的区隔线。

(一)打肿脸充胖子的人

“打肿脸充胖子”是基于国人的“脸面观”的一种特定表达，它是一种在与人交往中掩盖自身(客观条件上不如人或心理自卑状态)的行为。有些“瘦子”在面对同一场域中比自身条件优越的“胖子”时，为了不在“面子竞赛”中败下阵来，故而不惜代价在某些竞赛项目上争取胜利或打成平手的机会。在L村，也不乏这样的人，即自身经济实力有限，却将自己划归为富人群体，在可见处与其形成攀比的架势。

案例 4-3：

LJS，36岁，初中毕业后先后辗转去青岛、威海等地务工，现为兼业农户，农闲时候在外接零工活。其妻子在邻村服装加工点做工。LJS平日里尤爱四处串门，分享自己曾经在外务工结识的“高大上”的朋友和自己出入高档场所的经历。LJS用的是iphone8手机[③]，穿的是“阿迪达斯”[④]牌的运动服，抽中华牌香烟，头发上有喷过固定发胶的痕迹，一幅比较有“派头”的样子。其妻子则穿着朴实，全身上下未体现出任何“名牌”。问及其妻子家中每年的花销，其妻子直叹气：“咱家钱

① [法]皮埃尔·布尔迪厄：《区分：判断力的社会批判》，刘晖译，北京：商务印书馆，2015年版，第316页。

② [美]凡勃伦：《有闲阶级论：关于制度的经济研究》，蔡受百译，北京：商务印书馆。

③ 当时较新款手机，多为年轻人青睐，一部iPhone8手机价格在5000元左右，为LJS家庭一个月收入所不及。

④ 中高端运动休闲品牌。不过笔者尚不能判断其穿着的运动服是否为正版。

不经花啊！扑着(计划)花8000元结果总能花10000元！现在还欠了一屁股债！”又询问了花销去向，得知除了孩子的教育，花销最大的就是在LJS个人消费上。LJS称：“旁人(指代其妻子)没见过世面，像我们经常在外面做事情，肯定要穿得讲究和体面一些啊！不然和谁打交道人家都不把你放在眼里！”而妻子则在一旁叹气：“你就是打肿脸充胖子，自欺欺人……”

可以料想到，讲究和体面能给LJS带来的可能只是有限的工作机会，而打肿脸充胖子只能使其越来越“吃不消”维持面子所需的高消费，从而被“打回原形”，甚至因为负债的恶性积累而“降级”。对于富人来说，他们也很难真正将打肿脸充胖子的人纳入自己的交往范畴，即虽然表面上与对方正常交往，他们之间却横亘着一道无形的心理区隔，如LL说：

“总有那么几个(指前面提及的打肿脸充胖子的人)，可能兜里没有多少钱，总找着我们(即富人圈子)打麻将。我们打得挺大的，可能一晚上输赢就好几千。他们要来加入，我当然也不好拒绝，但是每次输牌脾气都很大，输的越多，下次越发来找我们打，要追本。结果越输越多。我也不想赢他的钱，对这种人，真是没办法。”(20180724-LL-39岁)

(二)全身而退的人

面对自身无法负荷的社会交往的消费化，有的人选择打肿脸充胖子，有的人则选择退出交往圈子。如上文在空间区隔中提到的村民FTX，他就提到了这种消费交往的不均衡性，即他到别人家串门时别人给他递的都是相对高档的香烟，而他只能拿相对低档的香烟回应人家，这也构成了他不主动参与同富人交往的原因。还有前文提及的越来越少去嫁进富人家的闺蜜家做客的QL，她在访谈中也提及因这种无法负荷的交往内容而与闺蜜越加疏远：

“除了邀请我去她家，她也会时不时拉我上街买东西。她买东西很舍得的，一次性看中了就掏钱，特爽快。她有时候还会怂恿我买，我可没她这么爽快，我要看中一样东西尤其是上百块、几百块的衣服呀，我还得仔仔细细比对比对，看看做工怎么样、值不值，也想多去看看比较比较，咱这一年买一两次衣服，可不能钱花不到刀刃上啊！她有时候就嫌我太斤斤计较了，太磨蹭。出去吃饭也是的，每次吃不了那么多总是点一大堆，又不是她一个人掏钱……每次都弄得不愉快。后来

她再邀我上街，我都找借口推脱了。”（20180723-QL-33岁）

李支书告诉笔者，村里有几位“游手好闲”的村民，大部分时间都在村中闲逛，要么就是去街道上的棋牌点（街道上许多生活超市内都设有棋牌点）围观人打牌，但是他们从来不会“上场”参与输赢的博弈，从头到尾都只旁观，以此打发时间。

“管别人怎么看我嘞，我是自由的，想干嘛干嘛，输钱赢钱是人家的事，上不上场是我的事，别人管不着，我自个儿开心就行了。”（20180721-LY-41岁）

以上两个案例呈现了相对贫困者面对经济条件优越的个人及群体时的两种不同的社会心态，前者是在“面子观”支配下的，出于面子在熟人社会搁不住的羞愧心理，逃避与富人的交往；而后者则卸下了“面子”，退出了村庄面子竞争系统，将自身区隔起来，“独自打保龄球”。

综上，笔者从住宅空间、闲暇时间、交往内容三个方面探讨了富人群体、中间群体与相对贫困群体在日常生活交往中呈现的分化与区隔。在日常生活交往方面，富人群体出于自身生活品位的塑造和社会交往网络质量的需求，更倾向于选择具有高质量的社会成员作为其交往的对象，将之纳入其构建社会关系网络的范围。中间群体一方面受富人及大众媒介塑造的消费文化影响，同时也有保持自身社会身份或向上的需求，因此向富人看齐，同富人交往会成为他们交往活动的优先选择，而并无太多与相对贫困群体的交往意愿。与富人群体一样，他们中的一部分人也会避免与相对低效用的贫困群体往来，故而在日常交往中形成了一道与相对贫困群体的区隔线。

区隔线并非不可跨越，事实上，有些相对贫困者在遭遇来自村庄其他群体的排斥时会采取积极的策略来扭转自身的被区隔状态。而另一部分人则与之相反，他们一方面经历着被区隔，同时也进行着区隔的自我建构，如同上文提到的“紧闭家门”的人，在社会交往中“全身而退”的人，他们主动放弃与他人的交往，退出村庄竞争，将自我封闭起来，从而渐渐失去其生活的社会性价值。

第二节　人情仪式中的交往区隔

从社会关系建构的角度来看，人情交往活动是村民日常交往实践的延伸，是村民们关系网络与关系性质的重要反映。人情在中国乡土社会对于人与人之间的交往存在特殊的运作逻辑。中国传统社会的聚居生活以固定的土地以及以家庭为单位的自给自足经济为基础，人际关系的长期、稳定与和谐可以说是聚居生活的重要保障。人情就是在这种长期的、稳定的人际关系中建构出来的。传统社会中个体或家庭人力资源单薄、抗风险能力较弱,因而聚居一处的乡里乡亲需要互帮互助,而这种互帮互助并非通过将工时或工效换算成直接的"工资",而是以一种"人情账"的形式被双方铭记,助人者日后也会得到受助者的回报。[①]

西方交换理论也体现了"人情"特征,如彼德·布劳强调人际关系和社会相互影响的突生属性,"如果一个人帮助过某人,那么人们便期待后者表示他的感激并且在有机会时给予回报。如果他没有表示感激,也没有回报,人们就会把他看成一个忘恩负义的小人,不值得帮助。如果他做出恰当的报答,那么其他人所得到的社会报酬就会成为进一步扩大帮助的诱因,这种行动形成的互换就在两个人之间结成了一种社会纽带。[②]"东西方"人情"的异质之处在于,其一,基于中国农村社会性质及其运行的背景,人情具有经济互助和维护社会团结的功能;[③]其二,中国的关于人情的观念还包含一套指导和规范人们行为的道德规范,倘若个体在村落社会中不参与人情往来和人际关系的建构,就很可能受到区隔,被推向边缘化的位置,即在生产、生活过程中遇到困难而无人照应;[④]其三,相对于西方而言,中国人情的施与报是以不对等为原则的,以费孝通先生的一段话为例:"朋友之间抢着回账,意思是要对方欠自己一笔人情,像是投一笔资。欠了别人的人情就得找一个机会加重一些去回个礼,加重一些就在使对方反欠了

---

① 许多学者都从本土社会学的视角对人情现象进行了研究,如金耀基认为人情是人与人的相处之道,人与人的关系,同时也指出人情是一种得到文化价值所支持的社会规范;黄光国认为人情和面子是中国人的权力游戏,并指出人情的三种含义,第一,是指个人遭遇到各种不同的生活情境时可能产生的情绪反应;第二,是指人与人进行社会交易时用来馈赠对方的一种资源;第三,是指中国社会中人与人应该如何相处的社会规范。翟学伟从脸面观出发进一步探讨了人情的内涵,他认为"脸面是一种社会心理,人情是这一心理产生的重要功能之一,其作用是把脸面心理及行为的运行转化为一套行为交换系统,以保证各人通过自己的脸面资源来达到互惠的作用"。参见:金耀基:《人际关系中人情之分析》,载杨国枢编,《中国人的心理》,台北:桂冠图书公司,1993 年版;黄光国:《人情与面子:中国人的权力游戏》,载黄光国等主编:《面子:中国人的权力游戏》,北京:中国人民大学出版社,2004 年版;翟学伟:《中国人的脸面观:形式主义的心理动因与社会表征》,北京:北京大学出版社,2011 年版。

② [美]彼德·布劳:《社会生活中的权力与交换》,孙非,张黎勤译,北京:华夏出版社,1988 年版,第 4 页。

③ 陈柏峰:《代际关系变动与老年人自杀——对湖北京山农村的实证研究》,《社会学研究》2009 年第 4 期,第 157-176 页。

④ 阎云翔:《中国社会的个体化》,陆洋等译,上海:上海译文出版社,2012 年版,第 42 页。

自己一笔人情，来来往往，维持着人和人之间的互助合作。[①]”这种“层层加码”式的人情往来，是演变到后来人情异化成为某些个体及家庭的负担的基础。

从传统社会向现代社会的过渡中，中国人以家族为生活单位的群体转向以社会组织或人口流动较快的社区生活，为适应这种变化，人们将原先重视的隶属群体变为参照群体，把真正的自家人转为由心理认同的自家人，进而造成人情交换从原先的必然性变成一种偶然性。[②] 人情的交换行为也从最初的感情主导下的交换转向以物质为主。此外，态度中的情感成分在伦理思想的引导下已经从个体转移到关系上来，而这种转移带来的结果，是人与人在情义上的相互牵制，并可能导致人情形式化而并非发自真心[③]。在许多情况下，人们在社会交往中并不那么关心真心诚意或表里如一，而是把人情交往的重点放在礼数到否、客气的程度上等。因而人情也在不同的关系（工具性关系、混合性关系、情感性关系）的运作中而呈现出不同的形态与功能。越来越多的学者将目光转向人情的负功能，即人们在运用人情的过程中出现的极端化、虚伪化和世故化的倾向以及由此带来的社会问题。笔者认为这种人情异化在推动着社会分化的同时也建构着社会区隔。

L村也经历了这种人情异化。L村李支书的父亲也曾任该村的村支书，他告诉笔者，L村在改革开放前的传统时期，人情关系遵循的是一种公共伦理规范，人情的表达非常普遍，强调心意甚过礼物的价值。比如谁家做了面条就给邻里间送一些，或者谁家过节杀了猪也会分一些给亲戚、朋友。送礼物是和亲疏关系相匹配的。另外，邻里之间的感情纽带都很稳固，谁家出了点事或者需要帮助，总会有人前来帮忙，而且帮忙的人不会过于计较自己是否得到回报（当然大部分时候受助者日后都会报恩）。从分田到户到21世纪初期，村庄人情在经济社会变革中也呈现出新的样态，职业分化所带来的业缘圈和趣缘圈的延伸突破了传统血缘和地缘的人情建构机制，这也使得人情渐渐褪去情感化特征而被赋予更多工具理性色彩。村庄此前出现较多的基于情感的互助式帮工渐渐消失了，取而代之的是按次、按时或按工作量结算的雇佣形式。村庄里办仪式、随礼的规格就是在这一阶段提升的，人情逐渐成为贫困群体的负担。而近二十年，由于村庄分化日益增大，村民们的发展程度分化越来越大，富人群体由于经济资本和社会资本积累较厚，在村庄事务与规范的许多方面拥有更多的影响

---

① 费孝通：《乡土中国》，北京：北京大学出版社，2012年版，第75页。

② 翟学伟：《中国人的脸面观：形式主义的心理动因与社会表征》，北京：北京大学出版社，2011年版，第325页。

③ 翟学伟：《中国人的脸面观：形式主义的心理动因与社会表征》，北京：北京大学出版社，2011年版，第323页。

力、带动力和话语权，因而村庄人情仪式[①]规则也多为富人所建构。

一、由富人建构的仪式人情规则

在传统的未分化社会中，传统性人情具有很强的公共性、互助性的伦理内涵，人情秩序依靠公共规则建构和维持，而非群体或个人标新立异的舞台。在村庄分化背景下，公共规则的约束力则逐渐减弱——富人因经济资本与社会资本占据主导优势地位而往往更容易成为村庄秩序的制造者，其他群体的比较与模范的对象，从而占据越来越多的话语权和影响力。之前笔者探讨了富人群体在日常生活风格中呈现的消费化特征，这种消费化如同富人整体生活的横截面，在任何一个领域中都能得到呈现，人情仪式领域当然也不例外。

（一）被建构的仪式人情规格

仪式人情规格的提高起初并非富人刻意彰显自身财力的产物，而是作为应对外界，不丢面子的回应。如 L 村木材加工厂主 LJG 的这样讲：

> 那还是十几年前的时候，给小儿子办十岁生日（宴），我记得很清楚当时是想简单办，请一些家里的亲戚和邻居。当时摆一桌菜可能也就是个 300 还是 500 块钱吧。结果摆酒当天，来了十几个之前我厂里的工人，有的还是从外村赶过来的。还有我生意上的朋友，我们一个镇上的，还有县城里的。当时菜都按照之前订的备好了，再准备上档次的根本来不及。就这样，安排他们挤在亲友席里吃了。我还记得我生意上的朋友当时露出的嫌弃的表情，真是叫我难堪啊！人家来上个礼，上礼的钱都够这两桌的。后来我又分别专门请这些生意上来往的人上馆子吃了一次，花了几千块，这才觉得挽回了一些之前丢的脸。现在又不一样了，摆酒的规格更高了，那都是至少上千一桌。（20180727-LJG-41 岁）

酒席的规模是反映举办者家庭及个人社会网络大小（社会资本）的重要指标，而酒席的档次（食材的价值、烹饪的水平、菜肴的数量等）则直接反映了办酒席的家庭的经济实力（经济资本），其二者构成的“仪式招待”是对酒席举办者社会地位及声望的考量。因而在起初大家为了保面子动机下的仪式规格的提升

---

① 一般说来，人情交往分为正式和非正式两种形式，正式的人情交往即是在人生礼仪等重大人生事项时发生的包括礼物交换、帮工互助或其他参与方式的社会交往；非正式的人情交往则涉及日常生活中的帮工互助、礼物交换等。本文主要探讨的仪式性人情，即前者。

则在村庄中掀起了保面子与争面子的风气，仪式人情活动的规模、档次被不断塑造和刷新，呈现出水涨船高的局面，逐渐形成村庄中新的人情仪式规范。

(二)水涨船高的“份子钱”

L 村仪式规格水涨船高的逻辑也可以用来解释人情中的“份子钱”，礼金的高涨起初也是出于上礼人顾及自身面子的行为。

> 这几年我给朋友上的礼真是越来越大。今年一个客户的儿子办生日，我想着跟对方也没有特别交好，就打算给 800。幸亏我问了其他认识的生意上的朋友都随了多少，得知他们都随 1000，我也随的是 1000，最好统一步调，不然可是要被人说嫌话，是吧。今年还赶上我自家侄女过十岁，我儿子前年办十岁酒的时候妹妹一家是随了 1000，我肯定不能少于这个数，所以我给了 1200。我也不敢给太多，我真不能给太多，不然妹得有压力了啊，明年我小儿子过十岁……(20180721-LGH-39 岁)

LGH 的这段话充分展现了送礼的心态与动机。对于与自己处在工具性关系中的人，有面子，或者维护最基本的面子是送礼者最根本的出发点。因而寻求一种平衡，即给出的礼金应不低于“参照群体”——共同的交际圈中交往程度一致的其他送礼人。而对于自己的亲人，面子可能不居主导地位，而礼金仍然要在动态来往中遵循“期待-压力-平衡-交换-形式化”的逻辑，最后的结果还是如滚雪球般层层递增。

在以前，L 村的上礼的标准基本遵循了差序格局的伦理，即上礼的分量是以亲疏、远近为尺度的，由于各家庭条件相当，因而在亲疏远近指引下的上礼分量很容易维持一种平衡、和谐的秩序。而近些年村庄社会的分化，家庭财富和消费意识的差异化导致原先的上礼秩序被打乱。以下这家人的案例就充分反映了这一点：

案例 4-4：

LCY 老人有四个儿子一个女儿，其中大儿子、三儿子和五儿子发展得较好，大儿(45 岁)与儿媳在村边街道上开了一间一百平方米左右的日用超市，三儿(39 岁)和五儿(34 岁)在镇上合伙买了一间门面，做餐饮；二儿(42 岁)早年间在威海一家海鲜食品厂做工，后受了工伤(左胳膊断肢)回家中，由此带来行动不便，也未再外出做活，只在家务农。二儿结婚较晚，30 岁时由其父亲、大哥和弟弟出资为其建了新平房，四

处找人说媒，说回来一个精神上有些损伤的媳妇儿。LCY一家人的感情一直都维持得还算和谐，但近几年LCY明显感觉到几兄弟有些疏远，尤其是二儿子，与几个兄弟间越来越疏远。LCY提到，今年大孙子(大儿子的儿子)结婚，三儿和五儿两家分别随了2000块钱的礼钱以及喜被等礼物。而二儿子一家也提了一床喜被，但是喜被上只贴了500块钱。二儿子认为自己能出500块已经是很顾及兄弟之间情感了，而其他两兄弟如此上礼明显给他难堪，更让他在大哥面前抬不起头来。对于二儿子的"声讨"，三儿和五儿觉得不可理解，因为对于他们来说，平时给朋友上礼都是这种水平，如朋友的孩子办生日酒，随个礼都是上千。自己的亲侄子结婚，只可能随更多。

LCY一家的例子在L村并不属于个案，由于分化带来的差距，同一个大家庭中的兄弟姐妹之间也可能因人情上的分歧而产生矛盾与隔阂。而将关系推至整个村庄，因人情而导致的区隔则更为明显。

二、人情排斥与区隔

在富人群体的主导下形成了人情仪式与礼金的规范，当部分富人提高办酒席及送礼金的价码，在村庄规范和结构性力量不足以对此进行规约的情况下，就极易在群体内部蔓延开来，最后笼罩在所有的群体中，成为村庄所有成员不得不参与的游戏。仪式的规格与礼金的数量作为游戏"进场"的资本，将一部分群体排除在外。

(一)"被掏空"的人

许多学者都对农村人情异化问题进行了研究，村民退出人情圈作为人情异化的后果也为许多学者所论及。① 翟学伟在探讨人情的负功能时曾引用了这样一则新闻：

杨宝生、渠俊梅家境贫寒，既要赡养老母亲，又要抚育两个孩子，日常生活已很困难。而这两口子兄弟姐妹很多，近年来不是这家嫁

---

① 如贺雪峰认为当人情被榨取性利用以后只剩下名实分离的人情空壳，人情循环中断，从人村民直接的基本人际互动难以维系。参见：贺雪峰：《论熟人社会的人情》，《南京师范大学学报(社会科学版)》2011年第4期。宋丽娜也指出当人情名目增加、周期变短、规模变大以及礼金不断攀升的情形下导致人情成为农民的巨大经济负担。参见：宋丽娜：《人情的社会基础研究》，华中科技大学博士学位论文，2011年。

女，就是那家娶媳，还有不断的丧葬事宜等，都得花钱送礼，一直难以应付。5月15日，渠俊梅家的侄儿结婚，好不容易外借20元去参加婚礼，在礼账上记下礼金16元，陪新娘4元；而她的同辈都在礼账上写着礼金40元，陪新娘5元。由于赶不上“行情”，内亲、外亲都对她冷嘲热讽，有的公开责备她“丢人”，她和丈夫十分痛苦，饭吃不下，人不敢见。想到日后送礼的事还会有很多，实在负担不起，渠俊梅一气之下，投水缸自尽。杨宝生遭此沉重打击，也当即悬梁自尽了。①

因无法负荷沉重的人情支出，心理上承受着来自熟人社会的“诟病”以及失去了社会性价值的支撑，两口子选择了避世的极端做法，以放弃自己的生命为代价。

笔者调研所在的L村，相对于笔者见诸许多研究中涉及的村落的人情异化程度都要低，并未出现人情仪式泛化、礼金暴涨等现象。而人情消费不同于农民家庭中对衣食住行等物质层面上的消费，后者具有一定的伸缩性，即农民家庭可以通过节衣缩食来节省开支，而人情消费则带有较强的刚性需求，不能随意“定价”和“缩减”。因此L村许多村民也承受着人情负担之重，他们主要存在于中间群体与贫困群体中。以村民WGY为例：

案例4-5：

WGY，48岁，家中五口人，WGY的父亲、妻子以及两个儿子。WGY在邻村木材加工厂干活，月收入2000元左右。其妻在家务农。大儿子18岁，刚考上青岛的一所大专院校，小儿子15岁，在镇上念高中。一家人全年收入在3万元左右，生活支出（包括教育）一年大概在3.5万元左右，除此，每年的人情花销要大几千元，几乎年年入不敷出。据其回忆，2017年，其共赴酒席6场，分别为其务工的木材厂的老板的儿子结婚（随1000元），一个工友的儿子结婚（随500元），亲叔父过七十大寿（随1000元），本村邻居家的儿子（两位）升学宴（各随500元），以及大舅子家的女儿出嫁（随500元），另外，老战友在镇上摆50岁生日宴，他本人未去参加，托人捎去300元礼钱。2017年其人情花销为4300元，为WGY两个月的工资收入。“我本想着今年给俺大二办升学宴可以收回一点之前给出去的人情，摆了16桌，最后坐了差不多17桌，一桌子菜是1000块钱，每桌配了两包泰山（皇家礼炮，一包价位在

① 此案例为1991年9月18日《中国老年报》登载内容，转引自翟学伟：《中国人的脸面观：形式主义的心理动因与社会表征》，北京：北京大学出版社，2011年版，第333-334页。

35 元左右),两瓶曹州老窖(一瓶价位在 100 元左右),还有饮料。另外还要给做饭师傅、帮忙的朋友递烟,忙活一场我和媳妇算下来,基本上没有多的(盈余)。"

年人均收入 6000 元的 WGY 一家并非国家贫困标准线界定下的贫困户,然而从其家庭支出来看,入不敷出确实构成了其生活条件的窘迫。而人情支出作为其家庭支出的一笔"隐性"费用,也同时构成其家庭的"内耗",越积越大的亏空无疑建构着这家人的贫困。L 村还有许多比 WGY 家庭经济条件更薄弱的家庭,对于这些人来说,人情负担将他们越掏越空,以至于陷入无法从贫困中走出的"怪圈"。

(二)退出人情交际圈的人

有学者曾指出,村庄社会中不参与人情往来的人被叫作"死门子",在当地苦心经营建立起客观的关系网络的村民才被称为"社会上的人"[①]。面对越来越无法负担的人情支出,一部分人只能不断压缩自己的人情圈,甚至退出人情圈,具体表现为除自家之外的仪式性场合不到场以及放弃自家举办仪式。"有钱的捧个钱场,没钱的捧个人场","到场"是很重要的表达人情的方式,这揭示着受邀者是否在意与主办家的关系,以及是否给他面子(捧场),不到场则很有可能导致主动中断与对方的交往的后果。而不举办仪式与不到场可以说"互为因果",不到场的次数多了,自然自己举办的仪式也很难有人来捧场;不举办仪式虽不至于得罪人,而从某种程度上关闭了与外界交往的重要渠道,因而将自身推到人情圈之外。

案例 4-6:

LSZ,77 岁,家中两口人,其与其子 LGH(42 岁)。居住的房屋盖于 30 多年前,砖瓦房,仅 40 平方米左右,房内是泥土地,家具陈旧。其子于小学三年级辍学,后一直在家中干活。现为泥瓦匠,一年有两、三个月能找到活,一天收入 100 元。其余的时间则务农,家里有四亩地,种玉米和小麦。LGH 20 多岁时其父托人给他介绍了两个对象,第一个对象还来过他家,了解了他的家庭经济状况后未再与他深交,第二个对象也在了解过其家庭状况以后没了音讯。42 岁的 LGH 至今未婚。LGH 从未走出过本市,朋友圈比较狭窄。在笔者访谈的整个

① 阎云翔:《中国社会的个体化》,陆洋等译,上海:上海译文出版社,2012 年版。

过程中，一直是 LSZ 老人与笔者进行沟通交流，LGH 则一直蹲在一边地上，抽烟，一言不发。LSZ 表示他们爷俩几乎不参与村中人情往来，因为他们发现参加这些人情只能“有亏无赚”，“吃席俺们还是吃了不少的，上礼都不知上了多少了！俺们只能亏啊，俺们家就两人，办不了婚事，接下来生娃子、娃子过生、娃子上学的酒都跟俺们没关系，你说俺们不亏得很嘛！这个亏俺们吃不得了，也没钱吃了，前几年还上几个亲戚家(送人情)，这些年来往更少了，基本不参与(人情往来)。”

案例 4-7：

NYH，54 岁，家中三口人，其与丈夫(56 岁)还有婆婆(79 岁)。NYH 为本村人，二十多年前嫁给丈夫。两人育有一子，儿子在 12 岁时意外遭遇车祸，身亡。后夫妻俩尝试再次怀孕，试过民间巫术，也去县城医院就诊，NYH 为此服药多年，一直没有怀上，直到 40 岁左右才放弃。NYH 的丈夫早年间在菏泽市务工，家中经济情况尚佳。儿子去世多年以后，NYH 的丈夫逐渐消沉，之前的活儿也不干了，家中经济收入也因此减少。NYH 在接受笔者访谈中表示自己这些年很少参与村中人情往来，一来由于之前和自己来往较多的乡邻近些年都是在给儿子女儿办婚事以及家中添丁等喜事，每每参与到这些热闹场合，都会让她想起她失去的儿子，甚至有几次她还在喜庆的仪式现场掉了眼泪；二来由于其家中未能举办此类仪式，因而往往给出去的钱收不回，慢慢参加仪式也成了“亏本买卖”。渐渐地，NYH 开始回避参与村中的人情往来。

对于 LSZ 和 NYH 两家来说，其在人情往来中“亏”的趋势体现得较为明显，由于其家庭结构的不完整，因而普通家庭正常开展的庆祝仪式未能在他们的家庭中实现。钱一方面不断地往外掏，另一方面又无法收回，一步步地将这家人推向村庄人情交往圈的边缘，甚至交往圈外。人情交往是村庄村民们日常生活交往的一个重要维度，不难推测，退出人情交往圈的他们也将逐渐失去与村民日常交往的纽带，从而陷入村庄结构中的边缘位置。

综上，不难发现，作为社会关系建构和维系方式的仪式人情，在富人群体作为人情规则制定者的主导下，构成了相对贫困群体的双重区隔，即相对贫困群体社会关系区隔以及参与村庄中社会性价值追求的区隔。在第一重区隔下，相对贫困群体的交往活动范围只能逐渐缩小，这同时也意味着其社会关系网络的缩小，而这可能导致其可获得的社会资源的稀薄化。第二重区隔则是第一重区隔的延伸，人情交际圈的缩小是退出人情往来的直接结果，而其更深层指向人在村庄熟人社会中面子的不保(因暴露贫困家底丢面子,因在人情仪式上不能遵循规范而丢面子),从某种意义上说,与面子一损俱损的,是这部分人对社会性价值的追求。[①] 笔者将在下一章相对贫困的再生产问题中对失去社会性价值的贫困者的处境做进一步探讨研究。

第三节 村庄政治参与区隔

前文分别从相对贫困群体与其他群体的日常交往与仪式人情往来层面探讨了相对贫困群体与其他群体区隔关系的形成机制。村庄政治紧扣着村民的日常生活,因而涉及村民的参与以及在参与中关系的建构。除此之外,村庄事务的参与程度从某方面可以反映村民对当下自身利益和对村庄未来发展以及嵌入在村庄发展中的家庭及个体的发展的意识。最后,笔者将从相对贫困群体与其他群体在参与村庄政治上的态度与实践来揭示其与其他群体在政治活动参与方面建构的区隔。

一、积极参与村庄政治的富人

笔者发现,在L村,富人对于村庄政治参与表现出较大的热情。许多学者都认为村民经济主体地位的确立以及寻求利益机制是其参与政治的动力,[②]本研究亦持这样的观点,即积极投身村庄政治有利于富人群体资源的获得。

(一)资源的攫取者

L村所属的曹县近年来正经历城镇化以及淘宝及集群产业高速发展的时

---

① 不少学者将人的"面子"、"气"等作为人的社会层面价值的衡量指标。如贺雪峰指出,人的社会层面的价值是关于人与人之间的关系,关于个人在群体中的位置及所获评价,关于个人如何从社会中获取意义的价值。参见:贺雪峰:《农民价值观的类型及相互关系——对当前中国农村严重伦理危机的讨论》,《开放时代》2008年第3期。

② 如徐勇将利益机制视作支配以及影响村民选举的因素,并指出驱动村民政治参与的利益包括集体公利、小团体公利和个人私利。参见:徐勇:《利益与体制:民主选举背后的变数分析》,载于《徐勇自选集》,武汉:华中理工大学出版社,1999年版,第298-299页;胡荣发现村民参选的回报和候选人竞选的经济利益计算是农民参选的主要动机,参见:胡荣:《理性选择与制度实施》,上海:上海远东出版社,2001年版,第100页;程同顺强调农民经济利益对政治参与的决定性作用,认为农民、集体和国家之间存在经常性的利益冲突,参与政治的行为来自农民保护自身利益的需求,参见:程同顺:《当代中国农村政治发展研究》,天津:天津人民出版社,2000年版。

期。电子商务的开发结合政府力推的“扶贫车间”项目，使得政府及商界大量的资源涌入。L村自然也共享着工商业以及城镇化发展所带来的利益，具体表现在产业项目资源以及土地相关价值上。村庄资源存在显性资源和隐性资源，显性资源在政策上多有明确规定，公开、透明，并在分配中坚持公正原则，如精准扶贫户的评选与政策落实、低保金、农业补贴等其他困难补贴。相对来说，隐性资源则在一般政策上没有相对明确地规定，有较大的操作空间，而这方面的资源往往比前者要更庞大，如获得土地的指标、批地办厂，或获取创业补贴、获取订单来源、廉价劳动力等。可以想见，为了获得这部分利益，富人会积极地参与到村庄事务中。

（二）与村干部的互惠性往来

村级组织作为村庄权力的主体，是村庄集体资源的主导者和分配者，资源流动的中介。村干部可以说是“在村庄治理过程中扮演着政府代理人和村民当家人的双重角色”[①]，以及村庄经济的“经营者”[②]。在L村中，富人群体由于对各种资源的需求，因而会主动与村干部“打成一片”。而这种互动也不是单向的，富人群体往往与村干部往来频繁，当村干部需要富人的帮助时，富人群体通常都会给个面子。用村支书的话来说是“彼此之间好说话”。

如村支书细数了村级组织对本村发展规模最大的“鲁红”调味品公司的创办人WZG的支持。

> “十年前他（WZG）从云南打工回来谋划创业，搞辣椒生意。当时他自己找了几家（农户），给他们做工作，让他们种辣椒。几乎没有人肯相信这个黄毛小子。后来他找到我，让我给他做（农户的）工作。我当即就让他把自己为啥有这个想法，怎么联系收购、怎么保证农户收益等问题都给我讲了一遍。后来是我去帮他做的这个宣传工作，7、8家给我面子的被我们说动了，最后种了辣椒。后来他对辣椒需求量大了，要扩大种植面积，还是我去给做的（农户）工作。后来他越做越大，我就建议他搞一个合作社，地我想办法给他弄，最后租了他看中的地，我去做的证明。他成立公司初期资金周转不过来，我为了他贷款的事，和他往县里跑了好多趟……”

---

① 徐勇：《村干部的双重角色：代理人与当家人》，《二十一世纪》1997年第8期，第151-158页。

② 田原史起，武萌，张琼琼：《中国农村的政治参与》，《国外理论动态》2008年第7期，第42-47页。

以上反映了村支书个人及村组织力量向 WZG 传输的资源与提供的帮助，可以说“鲁红”调味品公司从生根萌芽到发展步步都离不开村级力量的扶持。而作为村级力量扶持下的受惠者，WZG 同样为村组织工作贡献了不少力量。2016 年，该公司在村委干部动员下吸纳了本村 6 位贫困劳动力，其中 3 位为残障人士。2018 年该村筹建扶贫车间，村支书亲自出面找 WZG 请其提供援助，最后获得 5 万元援建金。据笔者了解，该村还有不少企业负责人与村干部亦保持着互惠性往来，利益在二者之间充当着润滑剂的作用。而这种往来通常伴随着从事业互利渗透到日常生活，有从工具型转向情感型或混合性情感的纽带的趋势，如 WZG 称村支书为“老大哥”，逢年过节都会亲自去老大哥家中拜访。而 WZG 的媳妇也与村支书的媳妇有来往。

二、相对贫困者政治参与：抗争与冷漠

在 L 村，相对贫困者在村庄政治参与方面表现出两极化的特征，一部分相对贫困群体热衷于参与村庄政治，主要表现在将自己的利益与村组织的资源分配相绑定，密切关注村级资源的去向、重视村级资源利益分配、并试图干预村组织政策决定。而另一部分相对贫困群体“两耳不闻窗外事”，对村庄政治漠不关心，甚至连自己的利益也不去主动争取。

(一)抗争与冲突

相对贫困群体在村庄政治的参与现象相较于富人则表现得更为复杂。一方面，相对贫困者的某些利益诉求也需要通过村级组织调和与满足，而往往这些需求如前文提及的，是一种显性资源，即有明确政策规定的、需要秉持公正的、公开透明的情况下所获得的资源。村干部满足某些相对贫困者的需求行为，很容易被视作其工作职责范围内的事，是遵照客观事实秉公办事的结果，而不会归因到私人关系上，因而极少有相对贫困者会因获得利益而“回馈”村干部。另一方面，当相对贫困者自认为属于其应得的利益未能得到保障，他们通常会将矛头指向村干部，认为是村干部未秉公办事的结果，属于失职行为，并在此判断下与村组织形成对抗关系。

生活在乡土社会的农民在遭遇不公或陷入纠纷时，对于自己的权利并不敏感，而是选择忍让。“认识到自己生业的脆弱性，同时又有一定余力的话，在每日的生活中为了避免暴力冲突而支付某种程度的代价，对于生活在那个空间的人们来说属于一种常识性的选择。对于对方得让且让，自己有理也不要过分——于是，自然而然出现的就是这种厌恶‘硬要’、尊重‘让性’的社会伦理。”但是，“总让步绝不是办法，这也是那个世界里的常识。于是，归属于自己的正

当利益之不稳定性和事实状态上的模糊性，反而在另一个方面促成了人们不愿让步、不能让步的倾向。实际上，一旦发生了争执，为了保卫自己的利益，人们往往可能作出过分的反应。日常的生活世界于是充满了'反·互让'的主张和过剩的自我防卫"①。所以忍让是"克己复礼"的一种表现，而并非一味地忍让，当个人认为自己遭受了不公平待遇，甚至被剥夺的时候，"忍无可忍"便切换为"无须再忍"，面子一旦撕破，则"忍无可忍的中国农民一旦到了为气所驱的地步，其行动常常不会止步于法律之门内"②。笔者就在L村发现了这样一则涉及群众认为村干部资源分配不公而导致其种种"为气所驱"的案例：

案例 4-8：

LYQ，47岁，家中四口人，LYQ、其母亲、妻子与女儿（11岁，上小学）。LYQ 30多岁时曾分别于山西、河北两地务工两年，后返乡，在家务农。家中7亩地，种植玉米、小麦和辣椒，养了3头牛，年收入在3万元左右。2009年其妻子患精神疾病，前前后后将其送去县、市医院进行治疗，花费40余万元，至今（2018年）未痊愈，并因其治病欠下20余万元。2015年，LYQ户被纳入精准扶贫对象户，2016年即被列入脱贫名单。2017年LYQ希望继续被纳入贫困户，而村支书告知其家庭人均年收入已超过国家贫困线，不符合纳入标准。同年，LYQ到县扶贫办上访，指出L村村组织在评定精准扶贫对象户上存在"猫腻"，出现了扶贫对象评定上假公济私（他举例说明村会计的亲弟弟一家收入、资产都高过他家，而获评贫困户等）、贫困户退出（他否认曾在贫困户出列确认书上签字）以及评定流程上不够规范等问题。截至笔者调研时（2018年7—8月），上访一事仍未有结果。而与上访同时进行的，还有另外一件事，即LYQ在自家房屋所占地基础上扩建了地基，其中一角压到了村通组公路并占据了一小块面积，这使得原本就不宽敞的道路变得愈发狭窄，大车无法正常通行，小车往来则需要错车，村民对此抱怨连连，不少直接向村里投诉。村支书等村干部本想通过劝说使其自行撤掉仅建了高度不到半米的地基，而LYQ每次不言语，村里也

① ［日］寺田浩明：《权利与冤抑》，王亚新译，北京：清华大学出版社，2012年版；（日）滋贺秀三著，王亚新、梁治平编：《明清时期的民事审判与民间契约》，北京：法律出版社，1998年版，第191-265页。

② 应星：《"气"与中国乡村集体行动的再生产》，《开放时代》2007年第6期，第106-120页。

不好进行强拆，为此村干部只得寻求镇政府相关人员参与协调。据了解，本就偏执、争强好胜性格的 LYQ 社交面比较狭窄，和其来往的村民屈指可数。LYQ 在村中的名声也因此闹得不太好，因为占村公共道路一事，也与其他村民发生过冲突。

在对自身利益的争取中，LYQ 先采取了“合法斗争”，即上访。而上访未果后，则以破坏公共秩序的方式与村组织的非理性恶性抗争。从理性上访到非理性恶性抗争，LYQ 寻求的利益是否能得到兑现不得而知，而既定的后果则比较明确，即 LYQ 在村庄熟人社会中的“名声”与“面子”将在村庄中遭到诟病。而其因在上访中公开提及某些农户涉嫌扶贫关系户（这些被提及的人当中有为中间或富人群体的成员），因而很可能与这部分人交恶；而对村干部的工作态度和能力的质疑以及后来所制造的公共秩序冲突，很可能使其与村干部之间原本的熟人关系纽带恶化；另外，在制造占据公共道路的抗争中，还与村中一些并无利益瓜葛的村民产生了冲突。LYQ 的一系列行为无疑将自身置于村庄结构边缘化的境地。

（二）回避与区隔

相较于 LYQ 等人“极端化”地投入政治参与的情形，L 村更多的相对贫困者则表现出对政治参与漠不关心，他们往往构成了村集体会议的缺席者，对于村庄公共事务漠不关心，甚至有部分村民对和自身利益相关联的事务也表现出淡漠和无所谓的态度。如笔者在 L 村发现了几则案例：

案例 4-9：

2015 年，村委会对该村村民的贫困程度做了系统摸底，并在村委会内部初步评议了一批贫困户。接着村委会干部们分别去这些人的家中走访，宣讲国家扶贫政策，以及告知对方需要配合的相关材料的提供和资料填写的工作。令部分村干部完全出乎预料的是，在他们看来，这简直是“天上掉馅饼”的好事，却并不为部分人理解，在整个过程中有些贫困者表现出被动，甚至不情愿的态度。其中有几个人的回复让村干部“大跌眼镜”，他们表示并不认为自家在村中属于特别贫困的一类而需要被“特殊照顾”；还有的村民担心被纳入贫困户接受了好处，将来可能被要求回报；还有几位村民表现出不好意思，想到自家被评上贫困户要在村委会门前的大路上公示，等于说将自己的家底暴露在众人面前，他们感到“丢不起这个人”。“干扶贫工作最头疼的是，一

些不符合条件的人争着抢着要当贫困户，而一些真正符合条件，连投票都通过的人，对自己的既得利益一点都不在乎。啥程序环节都弄不清，给他们办事真是费劲儿啊！还得求爷爷告奶奶似的软磨硬泡，好说歹说……”(20180720-LDS-49 岁)

案例 4-10：

L 村所在的曹县每年都会组织几场提升贫困户就业技能的培训。今年(2018 年)曹县在国家级淘宝产业示范村大集镇的丁楼村设置了电子商务技能培训点，与该村的淘宝培训学校合作，为曹县贫困户提供免费学习的机会。县里给 L 村分配了 10 个免费参与培训的指标。村委会先是通过村广播的形式向村民们宣传了这次培训，只有 2 人找到村支书咨询。又为此针对贫困户专门召开了一次动员会议，村里 72 户贫困户(142 人)中到会不过半数，现场报名的只有 3 人。在培训名单上报截止日期前，村支书结合自己对贫困户家庭人力状况的了解，又亲自去部分贫困户家中做了动员。最后“争取”到 2 位愿意参加培训的村民。村支书提到，本有 2 位赋闲在家的女性有意向参与培训，最后都因其丈夫和家中老人不同意而错过了培训机会。

以上案例反映了 L 村部分贫困人口在面对和自己利益相关的政策时不知主动争取，甚至表现出回避的态度。贫困者不积极参评贫困户，其行为背后又为不同的心理状态所指引，一是在安于现状“守常”观念下，将社会参照目标设定为和自身经济条件相当的农户，因而尚不能意识到自身所处的贫困状态；二是受自身思想局限，一方面并未理解“被扶贫”的政策，另一方面对村干部作为并不抱以信任，这在案例 4-10 中不愿意参与技能培训的农户心态中也有反映；三是一种“死要面子活受罪”的社会心态，将面子看得比自身真正获得发展还重要。案例 4-10 中提及 2 位女性因家人反对而错失培训的机会，这使得笔者联想到自己于调研过程中窥见的一些现象：笔者入户过程中，在大部分农户家中都能见到青壮年妇女的身影，她们中有的孩子处在嗷嗷待哺的阶段(需要她们留守家中照料)，有的孩子已经入学(不需要家长时刻陪伴)。由于代代结婚都早，所以孩子的爷爷奶奶、姥姥姥爷的岁数和精力足以照料(外)孙子女以及做其他家务。在妇女可以从家庭事务中“释放”的客观条件下，大部分妇女还是会放弃外出务工的机会留守家中。除了妇女自身受教育程度较低以及不具备相应的职业技能，笔者发现在当地男性意识里还存在一种受面子辐射下的观念，自家媳妇儿外出打工会反映出其家庭经济窘迫的状态，这映射出男主人的能力匮乏——并不能支撑全家的经济运营。

以上贫困者所表现出的心理状态正是“贫困文化”的产物。即这部分贫困者被笼罩在贫困文化之中，他们不具备科学的知识以及长远的视野，而这又反过来构成其不主动接触新闻、关心时事、开阔眼界的动因。回溯笔者在论文第三章对相对贫困者媒介应用情况调查的结果（表 6），在对电视节目的选择中，仅有 13.3％的被访相对贫困者会选择新闻、时评类节目，收看电视剧、电影类节目的占 46.7％，还有 13.3％的被访相对贫困者不看电视。新闻以及时事评论有助于拓展民众的知识结构，提高民众对国家政策及社会动向的认知，在此基础上提升村民对自身发展前景的信心，而大部分贫困者疏离新闻、时事的选择，无疑关闭了“世界之窗”，将其自身与外界区隔起来。

从本节研究内容来看，L 村不同层次群体在村庄政治参与活动中所产生的交集并不多，可以发现，富人群体主要的争取集中在对村庄中的隐性资源攫取，而并不会盯着相对贫困群体的显性可见的“蝇头小利”。由于在隐性资源获取中需要借助村级组织的力量，故村干部是其热心来往的对象，而在彼此互利的来往中二者的关系可保持良性的动态循环。由于显性资源的可操作空间有限，相对贫困群体往往不像富人群体那样重视与村干部之间的关系，甚至有部分相对贫困群体不惜在“气”的冲撞下与村干部以及部分村民“撕破脸”，导致自身陷入村庄边缘地位。相对于激进的相对贫困者，还有一部分保守的相对贫困者由于各种贫困文化原因，对村庄政治采取回避的态度，这种回避其实正体现了相对贫困者与外界划出的一道隔离线，是其自我区隔下的产物。

第五章　相对贫困的再生产的逻辑与过程

在本研究第三章中，笔者呈现了相对贫困群体与其他群体的日常生活风格分化图景，这种分化是结构建构的产物，社会经济的发展与城乡流动局面的打开构成了村民分化的前提。本研究的第四章则重点揭示了相对贫困群体与其他群体的关系建构中，逐渐表现出的被区隔与自我区隔的特征。这种被区隔与自我区隔的过程即是在结构建构与个人建构共同作用的框架下产生的。当进一步深入本土挖掘区隔过程中相对贫困群体的生存发展状态与心理嬗变，可以发现，相对贫困人口的公共价值正在区隔中遭到解构，失去社会价值的相对贫困人口进而丧失了参与社会竞争的动力，因此社会交往的动机进一步减弱，而这又将导致其人情圈不断萎缩。无法向社会网络借力的相对贫困人口逐渐在失去发展的机会，相对贫困者习性的延续形成了弱势的积累，构成了相对贫困的再生产。笔者将在这一章对相对贫困的再生产的逻辑进行展开讨论。

第一节　共享价值缺失下退出村庄竞争，失去发展动力

在本研究第四章中，笔者借助村庄经验，挖掘了相对贫困者为其他群体所区隔以及自我区隔的深层状态。如在日常交往活动中，在富人群体、中间群体所制造的交往内容消费化的趋势下，一部分“吃不消”的相对贫困者选择全身而退、“独自打保龄球”。同样，面对村庄仪式人情规范与涉及的消费“水涨船高”的局面，也有一部分相对贫困者以“不到场”或不举办仪式等方式与通行的村庄仪式规范相“抵抗”，最后缩小或退出人情交际圈。这些案例的现象都指向一个潜在或既已发生的事实，即这些相对贫困者已萌生退出村庄竞争的心理状态或他们的行为已勾勒了其退出村庄竞争的事实。之所以在此为“村庄竞争”独辟

论述，是因为村庄竞争构成了村民们过日子的社会性的深层动力。[①] 据此，退出村庄竞争可能是导致相对贫困人口进一步失去内生发展的动力的原因。在本章中，笔者将通过理论与经验的梳理，试图构建区隔、公共价值缺失与退出村庄竞争与失去发展动力之间的逻辑关联。

一、熟人社会场域与共享价值

熟人社会是笔者洞见区隔场域的入口，它构成了村民们交往与关系建构的可见场域，同时，这种关系又是支配村民社会行为逻辑的基础。而区隔的产生则意味着个人与外界社会关系的中断，这种中断也意味着公共价值体系于个人而言不再有约束意义，即区隔中的个人将不再遵循公共价值标准，而“自行其是”。退出村庄竞争，则是“自行其是”的后果之一。

（一）区隔的场域：熟人社会

“熟人社会”是费孝通对中国乡土社会的经典概括，熟人社会是先赋予村庄生活者的，“生活上被土地所囿住的乡民，他们平素所接触的是生而与俱的人物，正像我们的父母兄弟一般，并不是我们选择得来的关系，而是无须选择，甚至先我而在的一个生活环境”。[②] 作为熟人社会的成员，村民自出生时起就从属于特定的社会群体，这种社会群体具有自然性和初级性，与个体的关系也就更为密切，群体所内涵的关系与社会机制是他们生存与行为的前提条件，并内化于他们的心理与思维方式之中。除了非选择性特点，熟人社会还具有关系的普遍性、互动的在场性、价值的共享性以及信息的对称性[③]特征。

1. 熟人社会的关系具有普遍性

马克思认为，社会是表示个体之间彼此发生的联系和关系的总和。布迪厄

---

① 或许可以这么说，社会中的人都会在意并会争取自身在社区中的社会评价体系中的位置。而在尤其注重关系、“脸面”的熟人社会中，这种“名声”则显得尤为重要。许多学者都肯定了生活竞赛为人们过日子的动力，这种动力表现在对社会评价所产生的声望资本的追逐。参见：吴飞：《论“过日子”》，《社会学研究》2007 年第 6 期；陈辉：《“过日子”与农民的生活逻辑——基于陕西关中 Z 村的考察》，《民俗研究》2011 年第 4 期，第 260-270 页；王德福：《做人之道：熟人社会中的自我实现》，华中科技大学博士学位论文，2013 年，第 111 页；罗兴佐：《阶层分化、社会压力与农民上访——基于浙江 D 镇的调查》，《思想战线》2015 年第 4 期。

② 费孝通：《乡土中国》，北京：北京大学出版社，2012 年版，第 14 页。

③ 后三个特征为学者杨华归纳提出，参见：杨华，杨姿：《村庄里的分化：熟人社会、富人在村与阶层怨恨——对东部地区农村阶层分化的若干理解》，《中国农村观察》2017 年第 4 期。

也指出了关系的普遍性特征，他认为现实的就是关系的，社会世界中存在的各式各样的关系，并非行动者之间的互动而是马克思所谓的“独立于个人意识和个人意志”而存在的客观关系。布迪厄在其关系主义方法论基础上构建的场域，即是指在各种位置之间存在的客观关系的一个网络或构造。金耀基也认为，所有中国人都活动于关系产生出的社会磁场。更有学者指出，关系是人类社会的本质。[①]

社会关系在熟人社会更具有普遍性。中国传统的农村社会内部关系尤为发达，一方面，由于小农的自给自足的经济，农村与外部的连接较弱，常处于自我封闭状态；有限的市场行为局限于基层市场领域，因而农民为了生存，只能通过不断地发展和强化内部的相互关系。另一方面，由于中国传统的农村形态稳定，随着代际更替、关系继承以及累积性的发展，社会关系不断地再生产与积淀，于是呈现出了错综复杂的局面。因村庄具有整体性和历史记忆的功能，在村庄历史的同步发展之中，社会关系的维度与密度也会愈加丰富。

关系也构成了社会的行为准则。梁漱溟提出研究中国文化需从伦理本位来认识，而“伦理本位者，关系本位也”，梁漱溟认为“人一生下来，便有与他相关系之人（父母、兄弟等），人生且将始终在与人相关系中而生活（不能离社会），如此则知，人生实存于各种关系之上。此种种关系，即是种种伦理。伦者，伦偶，正指人们彼此之相与。相与之间，关系逐生”[②]。潘光旦进一步将“伦”归纳成两个层面，“一层是静的，一层是动的。静的所应付的是上文所说人与人之间的分别，动的所应付的是人与人之间的关系。”[③]在潘光旦的基础上，费孝通进一步解释了“伦”，即“从自己推出去的和自己发生社会关系的那一群人里所发生的一轮轮波纹的差序。”[④]翟学伟认为，中国的人际关系的构成基础是天命观、家族主义和以儒家为中心的伦理思想是中国的人际关系的构成基础。正因为此，在农耕社会中，“关系”有着强大的伦理偏向，内化为做人的原则，从而造就了传统中国社会的关系秩序。在这一时期，“关系”并非仅指个体之间的一般性的联系，而是相当于法律、秩序、习惯等，为人们互动的行为准则，具有组织社会和形成

---

① 参见：翟学伟：《中国人的关系原理：时空秩序、生活欲念及其流变》，北京：北京大学出版社，2011 年版，第 168 页；刘金海：《农民行为研究：“关系—行为”范式的探讨及发展》，《中国农村观察》2018 年第 5 期，第 126-142 页。

② 梁漱溟：《中国文化要义》，上海：上海人民出版社，2011 年版，第 78 页。

③ 潘光旦：《说伦字》，载于《潘光旦选集（第 3 卷）》，北京：光明日报出版社，1999 年版，第 350 页。

④ 费孝通：《乡土中国》，北京：北京大学出版社，2012 年版，第 44 页。

社会秩序的功能。[①] 综上，关系在熟人社会村民的日常生活中发挥着支配性的作用，虽然在时代变迁与社会转型的过程中，农民生计方式已部分突破村庄地域界限，村民的关系圈也扩展开来，而由于村庄依旧为大部分村民生活的主要场域，因而大部分村民的关系建构与社会交往依旧需要在村庄内部实现。熟人社会的这种关系普遍性特征是本研究探讨贫困群体与其他群体的关系的基础，也是探明贫困人口社会行动逻辑以及自身发展的逻辑起点。

2. 熟人社会具有信息对称性

熟人社会中的村民完全"暴露"在村庄中，他们无法将自己封闭起来，不让人家掌握自己的底细，也无法蒙上双眼，屏蔽其他村庄生活者的生活境况。相互之间的信息皆为"透明"。信息的对称性具体表现在两个层面：一方面，信息物质具有可见性，体现在村民生活的居住配置、饮食、形象管理以及各种消费项目等方面，具有很强的表达和传递信息的功能，其展现的差异与分化较容易为村民所感知和察觉；另一方面，指生活在同一村庄空间中的村民对彼此的家庭状况、经济条件都知根知底，在此基础上，很容易判断自身在村庄结构中的位置。对自身以及村庄中其他在场者的信息的把握渗透入村民意识中，作为其生活的重要参照，指引着其在生活价值及风格上的追求，以及在社交上对关系的建构。如笔者在第三章分化的图景中的许多生活面向所揭示的，村庄生活风格的转变一开始自富人群体发起，而当该风格成为一种通行村庄的主流范式，则会吸引、引领其他层次群体的追随风潮，住房与配置的重建、扩大如此，饮食、身体保养亦如此，而未能加入"流行"队伍中的人则作为掉队者，失去了关系建构的主动性。

3. 互动在场与区隔

互动的在场性揭示了乡土社会的"共同体"特征，其亦为乡土社会凝结所必须。不管是人类对自然生态环境的顺应与改造，还是对生产工具和手段的改良与更新，都不仅仅是独立的个体生产者所能完成的，因而个体之间持久和稳定的组合群聚成为必然。正如费孝通所指出的中国农民聚村而居的原因，一来由于小农经营，每家每户耕地面积小，因而聚居一处；二来在需要水利的地方，农民们聚居一处以便合作；三来为了安全，人数众多则能使聚落得到保卫；四来在土地平等继承的原则下，兄弟们分别继承祖上的遗业，如此人口在一地方历代积累起来，成为相当大的村落。[②] 互动的在场性对于相对贫困群体与其他群体关系建构与区隔产生的影响主要体现在，一方面，生活在同一村庄场域中的村

---

① 李灵燕：《关系导向行为的经济学解释》，《开放导报》2005 年第 6 期，第 89-91 页。

② 费孝通：《乡土中国》，北京：北京大学出版社，2012 年版，第 12-13 页。

民构成了彼此日常生活交往以及人情仪式往来的对象，比起一些村民日益扩展开来的交往圈来说，这种基于村庄地缘性的日常交往以及人情往来更具有普遍性，而且这些交往会直接影响到村民间关系的建构。另一方面，这种普遍的交往活动“在场性”也会反衬区隔下的“退场”，使本研究对象相对贫困人口的区隔与自我区隔的行为更加凸显。

4. 熟人社会的价值共享性

价值的共享性是指村庄中总存在为多数村民所认可的一套价值体系，笔者将在下文中具体展开叙述，这里只做提及。只有达到了某个价值体系的标准，在村庄中生活的农民方能获得面子。因而，正是这种价值体系支配着人们的生活目标和行为规范，而一旦对于某些个体来说，价值体系解体，则相应的生活目标也会跟着丧失。

以上，熟人社会具有关系普遍性、信息对称性、互动在场性与价值共享性特征，这四种特征也构成了区隔的发生及产生影响的基础（城市为陌生人社会，陌生人之间相互匿名且不可见，因而个体之间的关系并非普遍的，在此弱关联基础上产生的区隔并不足以产生对个体价值及行为上的影响），并使得相对贫困群体与其他群体的区隔在村庄场域中更具备可见性。笔者认为熟人社会的这四种特征并非独立而无关联的，具体而言，信息的对称性与互动在场性共同构筑了关系普遍性，而关系普遍性、信息对称性与互动在场性构成了熟人社会价值共享的基础。而一旦互动在场性瓦解，则关系普遍性失去维系空间，为熟人社会所共享的价值则将可能失去效应。对相对贫困者而言，一旦其接受与其他人的区隔并建构区隔，则公共价值于他而言失去束缚，价值缺失下的相对贫困者可能进一步丧失内生发展的动力。

（二）农村熟人社会的共享价值

学者贺雪峰曾提出了解释农民价值的分析框架，对于理解相对贫困者的向上的愿景和发展动力具有一定的启发意义。他将人的行动理由或行为意义分为三个层次，并构筑了三个不同层次的价值类型。[①]

1. 精神层面的价值（或称本体性价值）

人的精神层面的价值（或称本体性价值），该层面的价值涉及对人的生命意义的思考，如何将有限的生命转化为无限的意义的人生。儒家更多地将这种安

① 贺雪峰：《农民价值观的类型及相互关系——对当前中国农村严重伦理危机的讨论》，《开放时代》2008 年第 3 期，第 51-58 页。

身立命的基础定位于现实世界，通过传宗接代、繁衍子孙来延续个体有限的生命意义。

2. 社会层面的价值

人的社会层面的价值与三个方面紧密联系，一是关于人与人之间的关系，二是关于个人在群体中的位置以及所获得的评价，三是个人如何从社会中获取意义的价值。贺雪峰提出个体可以从社会中获取两类不同的生存价值：第一种生存价值是社会中多数人或社会的基本共识，构成了每一个个体对生命意义的想当然；第二种生存价值的判断来源于外在的评价。生活在社会中的个体，于社会中占据一定的位置，个体在与他人的互动中认识和确证自己。人们会出于本能追求他人的好评，在乎荣誉和声望。这也就意味着，在村庄分化下的情形中，由于大家争取向上流动的机遇或至少保证保持目前的位置，因而向下流动的状态所带给人的感受会十分负面，当负面心理积累到一定程度时，则可能导致个体放弃负担这种价值。

3. 基础性价值

第三层次的价值类型为人的基础性价值，即作为生命延续所必需的生物学条件，涉及基本的衣食温饱问题。这又可以从两个层面来展开讨论，一是基本的衣食住行和生命安全等涉及个体生命能否延续的条件；二是超出基本生存需要的带有舒适意味的衣食住行。笔者将农民的基础性价值不能实现的匮乏性的生活状态视为贫困状态。

以上，笔者罗列了农民的三种共享价值。不难判断，农民的基础性价值是最容易实现也是层次最低的。“仓廪实而知礼节”，当基础性价值实现以后，人们就会思考有限生命的意义，从而转向追求本体性价值以及社会性价值。对于生活在熟人社会中的普通老百姓来说，本体性价值与社会性价值也有层次关系，一方面，社会性价值的实现有赖于本体性价值的实现，社会性价值中有时渗入了本体性价值的部分[①]，往往未能实现本体性价值的人也很难获取社会性价值，即当一个人因受自身条件限制未能传宗接代、延续香火，那么其也容易被村庄中的其他村民瞧不起或不受认可。故未能实现本体性价值的人往往也缺乏实现社会性价值的动力。笔者认为，本体性价值与社会性价值共同支配着熟人社会中人们展开生活竞争，一旦其一未能实现，也将意味着个体在竞争中处于劣势地位，或被剥夺参与竞争的资格抑或主动放弃参与竞争。

---

① 贺雪峰：《农民价值观的类型及相互关系——对当前中国农村严重伦理危机的讨论》，《开放时代》2008 年第 3 期，第 53 页。

二、共享价值缺失—退出村庄竞争—失去发展动力

(一)本体性价值缺失与失去发展目标

本体性价值的内涵非常丰富,在本研究中,笔者仅局限于它所指的“传宗接代、繁衍子孙”范畴。中国人的本体性价值更多地来自祖先崇拜和子孙延续事业的热情,它“十分稳定,是所有人的共识,是人们认为的理所当然,是不被反思的身体无意识,也是一个社会内部的及个人的最深沉的情感。”[①]笔者将未能传宗接代、繁衍子孙的适龄男性视为未能实现本体性价值的人。在笔者所调研的L村,本体性价值缺失的人并不多见,但也不乏这样的案例,他们主要存在三种情况,第一种是唯一的伴侣(妻子)不具备生育能力;第二种为丧子而未能再获子;第三种即通俗意义上讲的“单身汉”或“光棍”。

为了家庭的前途而共同努力,正体现了家庭作为经济单位的自治力量和发展动力。一旦不能为家庭添子,导致为家庭而奋斗的价值消失,这也就意味着本体性价值的丧失。成家、生子、教子不再构成他的人生任务,而基于此的生活动力就此消解。在农村,结婚娶媳妇的成本包括彩礼、买/建及装修房子、办酒席等,L村普通村民在成家上的花销在30万元左右。子女从出生到成年的近20年间,从日常生活支出到教育花销,据粗略计算大概需要40万元。至此,父辈的责任仍未完成,依然需为子女(尤其是儿子)成家积累资本,以及抚养(外)孙子女。这就构成了本体性价值得到满足的男性的生活动力。而对于无子女的人来说,他只需要反哺家中老人,或甚至只需顾及自身温饱,而这些所需的投入是极少的(有大病患者或长期慢性病患者除外),无子女的人的拼搏动力就在这种稀薄的需求中逐渐弱化。在第四章对村庄仪式人情区隔的论述环节,笔者提到过L村“单身汉”LGH的案例(案例4-6),以及家庭结构不完整的NYH案例(案例4-7),由于讨论的重点不同,笔者将在这里继续对这两则案例进行探讨。

管窥以上两则案例,由于求子、传宗接代的通道被阻塞,因为成家、生子、教子的人生任务瓦解,而基于此的生活动力就此消解。除此之外,还不难发现,由于其是村庄中为数不多的未能实现本体性价值的人,这种“差异化的属性”也导致了其与村庄其他群体的格格不入,这体现在其日常生活中为人的自我封闭性以及与村庄其他群体人情往来的封闭性:因为自家没有正常家庭那么多仪式可

---

① 贺雪峰:《农民价值观的类型及相互关系——对当前中国农村严重伦理危机的讨论》,《开放时代》2008年第3期,第51-58页。

办，在“有亏无赚”的窘境中，只能理性选择不参与人情往来，渐渐退出人情圈。而正如笔者在前文中分析的，退出人情圈构成了相对贫困者与村庄中其他群体的双重区隔，在第一重区隔下，相对贫困群体的交往活动范围逐渐缩小，这同时也意味着其社会关系网络的缩小，而这可能将导致其可获得的社会资源的稀薄化。第二重区隔则是第一重区隔的延伸，人情交际圈的缩小是退出人情往来的直接结果，而其更深层指向人在村庄熟人社会中面子的不保（因暴露贫困家底丢面子，因在人情仪式上不能遵循规范而丢面子），从某种意义上说，与面子一损俱损的，是这部分人对社会性价值的追求。

（二）社会性价值缺失下退出村庄竞争，失去发展动力

如上文论及的，社会层面的价值即是关于个人在群体中的位置及所获的评价的价值。本研究主要聚焦于社会性价值的内涵，即个人在与他人互动中认识和确证自己，本能地追求他人的好评、荣誉、声望以及羞耻心。所谓村庄竞争，竞争的也就是村庄社会评价体系的肯定性位置，村庄竞争是熟人社会运作的必然结果，在一个边界清晰的共同在场的村庄内，每个人都会在乎他人的评价，敏感于自己在他人心理空间的形象。[①] 所以从这个意义上来看，个体对社会性价值的追求寓于村庄竞争当中。

可以说，社会竞争是熟人社会中的个体实现社会价值的必经路径，也成为个体“过日子”、“向上流动”的动力。这种竞争主要表现在两个层面，社会竞争的第一个层面，它表现为一种趋同的心理倾向，即个人会在行为上表现出与群体相一致的现象。[②] 社会竞争的第二个层面是提升自己的社会地位，超过他人。李银河认为村落文化的核心精神就是相互竞争又相互趋同，“每个人家都要在一切方面与村里的其他人家竞争，争取获得满分，即使得不到满分，至少也要争取超过其他人家”，因此，“在村落文化的狭小空间里生活，人们不仅仅是被周围的环境胁迫着去循规蹈矩，而且会全身心地投入进去，加入整个村落的竞争‘游戏’，这是一种以人的一生为单位时间的投入”[③]。以上提及的村庄竞争的两个层面在本研究案例村当中为大多数人所遵循，如从众行为多发生在中间群体与相对贫困群体中，他们会主动追随富人群体建构的生活风格与规范。而提升自

---

① 王德福：《做人之道：熟人社会中的自我实现》，华中科技大学博士学位论文，2013年，第111页。

② 周晓虹：《现代社会心理学：多维视野中的社会行为研究》，上海：上海人民出版社，1997年版，第342页。

③ 李银河：《生育与村落文化》，呼和浩特：内蒙古大学出版社，2009年版，第60、74页。

己的社会地位、相互追赶的竞争性行为则多发生在同一层次群体当中。

我们不能忽视社会性价值的追求以及村庄竞争的基础，即不能忽视笔者在上文中述及的村庄关系的普遍性特征。村庄中的个体嵌入于村庄社会网络中，并有意维系这种关系网络是其愿意参与村庄竞争的前提。而处于村庄结构边缘，社会关系网络处于断裂状态的个体，追求社会性价值以及参与村庄竞争则对其来说失去了意义。再做进一步的推测，在熟人社会中，放弃追求社会价值与参与村庄竞争的人，大部分也丧失了进取、上升的发展动力。这在某种程度上说是一种"消极出世"，即虽然生活在现世，却实质上活在"真空"或"自我"的社会和时代。真空社会属性下的个体，不在意自己在他人心中的评价和位置，不需求身份认同和肯定，也不会为了"面子"争取自己的社会位置。[①]

传统时期村落内部农民表达及彰显自身社会地位的方式主要是通过建房置地与人生礼仪，而经历了社会变迁与经济发展中的村庄的村民彰显自身社会地位的方式除了以上两个事项，还渗透在生活风格的方方面面，比如住宅内部的空间配置、交通工具、身体形象状态、闲暇时的娱乐活动等等。社会竞争在与时俱进中更加"包罗万象"，而由于村庄的共同在场与信息对称性，导致社会竞争无处不在，而个体参与竞争结果也表现得更加明显，这将直接影响着个体是否继续参与竞争的意愿。退出村庄竞争，社会层面的价值无处寄托，因而失去发展动力的相对贫困者并不少见：在L村住宅区位分化状态下，笔者发现一部分处于居住区位劣势的村民对改善自身居住条件抱着很大的期待，也乐意付出更多努力来实现这一憧憬，与此同时，笔者也发现有这样一部分人，他们并没有改善的动力，也没有改善的能力，在"随遇而安"或甚至"吃不到葡萄说葡萄酸"的心态下"紧闭寒舍"。还有在本研究对相对贫困群体与其他群体身体管理的论述部分，当我们留意相对贫困者对身体日常护理的情况(见第三章表4)，通过调查数据可见，相对贫困者更容易忽视对自身的清洁与护理，该地夏季日平均温度达到35℃，而受访谈的相对贫困者洗澡频率都不高，其中有2位持续一周都不洗一次澡，有4位一周只洗一次澡，而天天洗澡的只有2位。相对贫困被访者中使用清洁产品洗澡的有10位，这些与村庄中其他群体呈现出明显分化。在村庄大部分人都开始注重自身整洁，积极构建并呈现自己健康、乐意与人交往的生活风貌时，一部分相对贫困者建构与呈现的是给在场他人造成不适感，这种"拒绝从众"—"制造差异"—"自我放弃"一方面在笔者看来无异于主动塑造与外界的区隔，另一方面也可窥见其丧失了努力、积极过日子的动力。

① 陆汉文，董苾茜：《区隔视角下农村"光棍"陷入贫困的过程与逻辑——基于秦巴山区J村的调查研究》，《江汉论坛》2019年第4期，第139-144页。

第二节　被隔离与自我隔离的双重作用，发展机会减少

上一节笔者所建构区隔、公共价值缺失、退出村庄竞争框架旨在解释相对贫困者外在的遭遇导致其主观上失去发展动力的心理生成过程与逻辑。在这一节，笔者所要揭示的是相对贫困者在区隔状态下，客观发展机会减少的困境。在这一部分，笔者拟借助人缘、社会资源两个概念工具，以熟人社会人缘积攒作为切入点，通过梳理人缘积累、社会资源获得与发展机会之间的内在关联，从而搭建区隔与发展机会之间的分析桥梁。

一、未区隔背景下的人缘与社会资源

学界对于“人缘”这一本土概念的研究相对较少。余德慧、陈斐卿曾采用诠释现象学的方法，将人缘诠释为“人际的世界”、“人际的舞台场景”①。在翟学伟构建的“人情/人伦/人缘”三位一体的本土人际关系模式中，“缘”更多的秉承一种“可遇而不可求”的“宿命论”意涵，他认为人缘在人际关系中的主要作用是通过归因来达到为人处世过程中的心理(或认知)平衡②。杨国枢的观点与翟学伟类同，他认为缘是宿命观在人际关系方面的表现，是中国人心中的一种命定的或前定的人际关系，其功能在于有效维护人际关系的和谐，因而作为一种固定的外在因素，将缘视为人际关系的原因，不但具有自我保护的作用，而且具有保护他人的作用。③ 与以上人缘“宿命论”观点不同，彭泗清则强调人缘的“可塑性”与“工具性价值”，他将品德、才能以及人缘视为做人的行为，并认为人缘是最为关键的，他指出：人缘在理想层面上来自道德和才能，而在现实中是主要来自工具性资源的交往④。沈毅肯定了人缘的先赋性特征，不过其更强调人缘的“获致性”色彩，他进一步将人缘视为：个体在某群体或社会圈中与各种关系和谐程度的总体模态，即个体在某群体或社会圈是受欢迎、受重视还是受排斥、被

---

① 余德慧，陈斐卿：《人缘：中国人舞台生活的秩序》，《中国社会心理学评论》2010 年第 1 期，第 35 页。

② 翟学伟：《中国人际关系的特质——本土概念及其模式》，《社会学研究》1993 年第 4 期，第 74-83 页。

③ 杨国枢：《中国人缘的观念与功能》，载杨国枢主编：《中国人的心理》，台北：桂冠图书公司，1988 年版，第 123-155 页。

④ 彭泗清：《中国人“做人”的概念分析》，《本土心理学研究》1993 年第 2 期，第 297-313 页。

轻视及其程度[①]。本研究在此提出的“人缘”是指个人参与村庄关系建构中实现的，并可以通过其积累摄取更多的资源，因而沈毅提出的“人缘”概念更符合本研究的语境。

进一步提出“人缘”在本研究中的意涵：第一个意涵为，人缘寓于熟人社会的普遍关系之中，它的积累是在个人参与村庄中关系建构实现的，因而可以说，人缘是一个以众多关系为基础的关系性概念。人缘本质上反映的并非两人之间的关系状态，而是个体在至少三者或三者以上的群体、社会圈中的各种关系的总体模态。由于人缘强调个体与多人的关系，因而它不能简单地等同于“关系”概念。“人缘好”则是指个体拥有比较广泛的人际关系网络，并且在网络中获得了比较高的评价或肯定。前文述及的人的社会层面的价值，亦是涉及人与人之间的关系，以及个人在群体中的位置及所获评价，不过人缘与社会层面的价值有所不同：一方面，人缘积攒靠的是个人为人处世、社会交往的能力，而社会层面的价值获取则不能靠“关系运营”，它需要个体证明自身，如对公共领域的行善积德行为、为社会事业贡献力量等，甚至可以说，社会性价值要在“竞争”中获取，而“人缘”非但不讲求竞争，可能更依赖一种“中庸之道”。另一方面，相较于社会层面的价值，好人缘不能构成个体生活的深层动力，个体会将追求社会层面的价值作为生活奋斗的意义去追求，甚至在社会层面的价值缺失的状态下失去发展动力。而很少有人会把获得好人缘作为生活奋斗的目标与动力。不过，获得好人缘与获得社会层面的价值都可以预示或说明一点——个体在所处的社会圈中生存发展状态总体不错。沈毅对此进行过一段较为精辟的论述：“个体在某群体或社会圈中的‘人缘’状况直接决定了个体在其中的生存发展状态。在某群体或社会圈中，拥有良好‘人缘’的个体才能在该群体或社会圈中长期性摄取更多的资源，维持一般性的‘人缘’至少可以在该群体或社会圈中继续立足，而一些不合群、‘人缘’较差的个体则比较容易被该群体或社会圈边缘化，甚至有可能遭到较为严重的排挤打击。”[②]这也与笔者将要阐释的人缘的第二个意涵有关，即人缘可以表征个体社会资源存量和增长潜力。这一点笔者将在下文中具体论述。人缘的第三个意涵为，村庄中个体的人缘带有先赋性的特征，而其获致性更强，是个体在该群体或社会圈中长期人际实践的结果。人缘的获致性意味着个体要想积累社会资源存量，则需要在关系建构中付出一番努力。

---

① 沈毅：《人缘取向：中庸之道的人际实践——对中国人社会行为取向模式的再探讨》，《南京大学学报(哲学社会科学版)》2005 年第 5 期，第 130-137 页。

② 沈毅：《人缘取向：中庸之道的人际实践——对中国人社会行为取向模式的再探讨》，《南京大学学报(哲学社会科学版)》2005 年第 5 期，第 130-137 页。

二、社会资源与发展机会

(一)人缘积攒下获得社会资源

资源的内涵较为丰富,吉登斯将资源定义为“使事情发生的能力”[①]。霍曼斯将资源诠释为某种物质性的或非物质性的财产,在此基础上他认为社会互动和社会行为可以理解为物质性或非物质性财产的交换。[②] 韦伯则将资源视为“财产和机会”,社会互动即交换伙伴之间的利益妥协,通过此种利益妥协,财产和机会被作为相互的报酬而给予[③]。林南将有价值的资源定义为:在一个社会系统中,人们一致认为是有意义和有用的符号和物体[④]。科尔曼对资源的解释则更为宽泛,他将资源视作能满足人们需要和利益的物品、非物品(如信息)以及事件,如选举等。[⑤] 李汉林也兼顾了资源的物质性与非物质性特征,并将非物质性延伸到精神层面,他给出了如此定义:那些可使得人们满足必要且重要的经济、政治、社会以及与此相关的各种需要的东西,不仅包括非物质的东西,而且还包括机会,即人们满足自己需要的能力(可能性),以及人们通常所说的“声望”或“荣誉”。[⑥] 沈毅提出的好人缘可获得的社会资源与李汉林不谋而合,同样强调资源的两个层次,一类为工具性资源,主要是指类似财富、实物、权位、重要信息、实质性帮助等具有较强外在实用性的资源形态;另一类为象征性资源,主要是指类似于声望、名誉、形象、口碑、荣誉、他人尊敬等具有较强心理满足感的资源形态[⑦]。

在这一论述环节,笔者主要将聚焦于人缘创造的“工具性资源”价值(这并

---

① Giddens A: Contemporary Critique of Historical Materialism. California: University of California Press,1987.

② Homans G C: Social Behavior as Exchange. American Journal of Sociology,1958(63).

③ [德]马克斯·韦伯:《经济与社会(第一卷)》,阎克文译,上海:上海人民出版社,2010年版。

④ Lin Nan: Social Capital and Status Attainment in Urban China. Working paper at the 28th Sino-American Conference, Duke University,1999.

⑤ [美]詹姆斯·S.科尔曼:《社会理论的基础》,邓方译,北京:社会科学文献出版社,1999年版。

⑥ 李路路,李汉林:《中国的单位组织:资源、权力与交换》,杭州:浙江人民出版社,2000年版。

⑦ 沈毅:《人缘取向:中庸之道的人际实践——对中国人社会行为取向模式的再探讨》,《南京大学学报(哲学社会科学版)》2005年第5期,第130-137页。

非意味笔者忽视象征性资源对贫困个体发展的意义，其实笔者已在上一节中论述了象征性资源缺失下贫困者退出村庄竞争，失去发展动力的过程)，以此探寻人缘、社会资源与村民个体发展机会三者环环相扣的机理，进而论证在区隔的状态下贫困人口发展机会减少的可能性与事实。

(二)职业分化下的村民发展机会与所需的社会资源

中国正处于社会转型期，在这个过程中，在原有资源配置方式失效，而新的市场配置尚未完全建立，中国的社会转型出现了体制断裂或体制洞的情况下，关系网络作为一种重要的补救机制，使得社会资源配置得以顺利进行。[①] 许多学者都指出了村民的发展离不开人缘积攒下的社会资源，[②]接下来笔者将从职业分化下村民的不同生计形式出发，来探讨不同生计方式选择下对社会资源的需求。

1. 村中生计与生活

在传统社会中，村落共同体边界的相对封闭性在较大程度上将市场力量隔离在外，村落共同体边界内部(尤其是面对面交往的)成员间的非市场经济性质、以非营利为目标的互助与交换在维系村落共同体运转以及共同体成员生计方面发挥了十分重要的作用。[③] 笔者在研究第四章村民的人情仪式区隔中也提到，传统社会中个体或家庭人力资源单薄、抗风险能力较弱，因而聚居一处的乡里乡亲需要互帮互助，而这种互帮互助并非通过将工时或工效换算成直接的“工资”，而是以一种“人情账”的形式被双方铭记，助人者日后也会得到受助者的回报。尽管在现代市场力量的扩张下，村民生计方式发生了很大分化，村民之间的帮工、互助与合作的关系逐渐演变为以互助为辅而以金钱为代价的合作

---

① 边燕杰，张文宏:《经济体制、社会网络与职业流动》，《中国社会科学》2001 年第 2 期，第 77-89+206 页。

② 如郭于华指出，在中国农村社会的变迁中，事实上是传统亲缘关系与现代社会关系并存，而且前者在一定阶段有可能成为有正面意义的可利用的资源，在农村新的经济结构启动和发育过程中，亲缘关系是信任结构建立的基础，也是实际获得资源的重要途径。参见：郭于华:《农村现代化过程中的传统亲缘关系》，《社会学研究》1994 年第 6 期；李培林也指出，由于理性的有限性，对理性的新的理解只能是人们面对各种制约所能做出的可能的选择，资源配置的最优状态实际上也只能是一种相对合理的状态，在一定条件下，家庭、企业、社会潜网等是较之市场和国家干预更为节约成本的资源配置方式，参见：李培林:《流动民工的社会网络和社会地位》，《社会学研究》1996 年第 4 期。

③ 毛丹:《村落共同体的当代命运：四个观察维度》，《社会学研究》2010 年第 1 期，第 1-33+243 页。

与“请工”为主的关系。① 而在许多村庄传统的生计生活方式下，邻里互助依然扮演着较为重要的角色。如在依旧有大部分村民兼顾农业生产，并有部分村民以农业生产为主要生计方式的L村，这种由人缘带来的帮助主要体现在农事较为繁忙的阶段受到来往密切的相邻的人力帮助(尤其是缺乏劳动力的家庭就十分需要劳动力资源的支持)，以及农业技术知识共享层面的互助。由于农业新产品或技术采用效果的不确定性，农户在技术选择时更倾向于其所在社会网络中已被成功应用且有着良好口碑的技术，②因而传统生产习惯、个体或群体经验以及内部长期交流所获得的隐性知识更起着主导作用。③ 而农业生产经验也并非随意扩散，有学者指出农业生产经验扩散的“有界性”，即在客观上遵循知识势高向知识势低的传递趋势，④而在主观上，知识势高的农民有权决定将经验分享给谁，这就意味着处于相关知识劣势的村民需要动用自己的关系网络和资源才可能获取有效经验。

另外，在日常生活中，在婚丧嫁娶、建房修房等与村民生活息息相关的事件中，也常常需要人力协助。除此之外，村民间的互惠性借贷也常常作为人缘积攒下的情感能量，成为关键时刻的救命稻草。如许多并无多少积蓄的村民在遭遇家庭挫折、建房修房、子女求学或红白喜事时，存在资金周转的困难，此时村民往往会四处寻求借贷，而相对于民间高利贷和银行贷款而言，相邻、亲朋间的借款一般都不含利息，因而成为首选。有学者通过实证调查数据研究发现，农村农户社会网络规模越大，越容易借贷，而农户的实际借贷行为也更加方便。⑤

2. 务工与创业

如果说以上提及的村中的生计所需社会网络资源可以为一般利益关系所

---

① 有学者指出，具有普遍主义特征的配置性资源——货币在乡村人际交往中的地位越来越突出，从而使得以情感为纽带的亲缘/地缘关系进一步弱化。改革开放以后，货币交换在乡村人情交往中越来越重要，这种交换遵循的是一种对地缘和血缘的特殊关系进行否定的普遍主义原则。参见：林聚任：《社会网络分析：理论、方法与应用》，北京：北京师范大学出版社，2009年版，第223页。

② 旷浩源：《农业技术扩散中信息资源获取模式研究——基于社会网络视角》，《情报杂志》2014年第7期，第194-198页。

③ 旷宗仁，左停：《乡村科技传播中农民认知行为建构过程分析》，《新闻界》2009年第4期，第27-29页。

④ 喻登科，彭静，涂国平，等：《农户间知识共享研究述评》，《科技管理研究》2018年第20期，第170-179页。

⑤ 刘景东：《社会网络与农户借贷行为——来自安徽的实证调查数据》，《江汉学术》2016年第6期，第69-77页。

取代(如在农忙时节或建房修房、举办仪式等需要帮助时,不采取“互助”的形式,而直接以请村中或村外的相关专业人员以明确雇用的形式付予劳动报酬),那么相对来说,外出务工、就业、创业等所需要的社会网络资源在当下社会则是不可取代的。一般的观点认为,农民外出务工初次获得职业主要依靠三条路径——市场、组织与社会网络。不过大量的研究都证实,农民初次进入城市生活获得职业与社会支持,更多地倚靠一种非制度化的方式,即农民个人及家庭的社会网络。①

初级社会网络②的功能对于村民体现在,其一,为其提供了就业方向的信息传播。其二,直接作为介绍人,为其引荐工作。以上两种功能在L村比较普遍,从笔者对当地村民的访谈内容来看,刨除通过求学、培训渠道由组织或自身找工作的部分村民,其他有过外出务工经历的村民中,其工作地的选择、甚至工作本身都是由其他村民或亲戚介绍推荐的(在L村,年龄越大、受教育程度越低的村民越倾向于通过社会网络资源获得工作)。其三,为其提供资金支持,多发生于农民创业者,如资金、厂房设备等运营资源方面的扶持。其四,外出务工村民争取合法权益的力量支撑。同样,社会关系网络及嵌入网络中的信息、技能、资

① 学界已经形成了大量的“农民工就业与社会网络”为主题的相关研究,如李培林通过实证研究发现,尽管外出务工的村民的社会生活场发生了变化,但并未从根本上改变其以血缘、地缘关系这些原有的社会关系为纽带的社会网络边界。参见:李培林:《流动民工的社会网络和社会地位》,《社会学研究》1996年第4期。王毅杰、童星进一步指出社会生活分化尤其是经济活动分化的情况与村民动用关系的强弱性质有关,经济活动分化较弱的,有可能从事家庭经营活动,更倾向于向亲属尤其是配偶(即一种强关系)寻找支持。黄晓勇等人系统分析了社会网络在融资、获取信息等方面对农民工返乡创业的价值,认为社会网络的规模与质量在一定程度上决定了农民工返乡创业的成败。参见:黄晓勇,刘伟,李忠云,等:《基于社会网络的农民工返乡创业研究》,《重庆大学学报(社会科学版)》2012年第6期。曹子玮等通过实证研究,指出当市场失灵、组织低效时,社会网成为农民工获取城市资源的主要路径。尽管后期寻求更大发展时,大部分农民工会选择再建构社会网络,但从调查数据和访谈资料来看,这些再建构的网络都离不开以初级关系为主的社会网,即建立在血缘、地缘等基础上的网络。参见:曹子玮:《农民工的再建构社会网与网内资源流向》,《社会学研究》2003年第3期。

② 之所以笔者在这里采用初级社会网络概念,一方面是本研究所探讨的区隔的范围即是在初级社会网络中发生的,另一方面其也符合本调研调研地的特征,山东作为孔孟之乡、礼仪之乡,人们之间的交往以儒家倡导的“礼”、“情”为核心,形成一种特殊的人格氛围,进而使社会关系网呈现出内向性。也有调查数据可以说明相关问题,在林聚任等人开展的山东农村社会资本状况调查研究中(来自499份样本数据),80.4%的被调查者与他人的交往更多的是出于情感,58.9%的调查者平时的主要社会交往对象是基于血缘和地缘的亲戚邻居。参见:林聚任,刘翠霞:《山东农村社会资本状况调查》,《开放时代》2005年第4期。

金等资源系统是促进村民创业企业成长的关键要素。[①] 如本研究在第四章村庄政治参与区隔中提到的“鲁红”调味品公司董事长 WZG 的案例，其公司从生根到发芽步步都离不开村级力量的扶持，最初 WZG 从云南务工归来时，其在村中不具备一定的声望与地位，其个人的社会网络也十分单薄，以至最开始尝试说服村民种辣椒几乎无人响应，后来是在村支书的帮助下，七八户农户给了村支书“面子”才得以解决该问题。

三、区隔状态下发展机会减少

既然人缘更多的不是先赋性的而是后天获得的，那么我们就可以说，人缘是个体在该群体或社会圈中长期人际实践的结果，即一个人待人处世的结果。处世之道就是“大传统”与“小传统”连接的结果，既反映社会的伦理道德规范的积淀，也折射出当时当地人们的利益、情感需求和取向。[②] 就有学者指出，好的人缘要靠当事人牺牲自己利益和帮助别人“做”出来，即人缘有当事人的能动性在其中。要想人缘好，就得让他人得到好处，也即要“帮人”，或者要维护多数民众的利益。除帮助他人外，“不轻易得罪人”和“待人处事尽量留有余地”这两条中国古训也是必须遵守的。[③] 需要说明的是，笔者在这里暂不考虑个人因为人处世公正正直，维护公利或原则而触及一些人的利益，从而未能获得好人缘的情况，而仅就未能获得好人缘（即区隔状态下）的贫困者的发展状态进行分析。

（一）区隔状态一：中断人情往来，丧失潜在资源

从关系建立的长久意义上来看待互动与人情，可以说其是一种“潜在而长远”的人情投资。维持感情关系就潜在地等于维持收益的机会，中断关系也就等于放弃或减少收益的机会。[④] 由于对收益的期待缺乏明确的方向，因此感情维系也不具有针对性，而是普遍撒网，所谓“朋友多了路好走”。哪怕后期的收益并没有期待的那么高，这种感情维系依然可以带来许多社会性收益，如累积和扩展名声、做关系链的中间人、困难时的相助以及提供信息等。

---

① 蒋剑勇，钱文荣，郭红东：《社会网络、社会技能与农民创业资源获取》，《浙江大学学报（人文社会科学版）》2013 年第 1 期，第 85-100 页。

② 林聚任，刘翠霞：《山东农村社会资本状况调查》，《开放时代》2005 年第 4 期，第 119-138 页。

③ 杨善华，孙飞宇：《“社会底蕴”：田野经验与思考》，《社会》2015 年第 1 期，第 74-91 页。

④ 翟学伟：《中国人的关系原理：时空秩序、生活欲念及其流变》，北京：北京大学出版社，2011 年版，第 254 页。

社会交往便以“互相拖欠未了的人情”[①]为动力。在笔者调研过程中就发现，L村有些村民在与他人的互动交往中，常常会通过“吃亏”来让对方“欠人情”。如有位服装加工作坊老板就告诉笔者，其闲暇时候常常会陪县里的一些服装厂的老板吃饭、打牌，而与他们打牌总是输得多赢得少，因为他认为，“输”的行为更容易让他们觉得欠自己人情，并且由于相处的体验十分愉快，因而那些老板也愿意继续与其合作，并会在日后为其提供更多订单项目，在其看来，吃点“眼前亏”，则能起到“放长线钓大鱼”的效果。

相比之下，L村许多被区隔与自我区隔的相对贫困者则放弃了人情可能带来的资源价值，如笔者在上一节提到的LSZ和NYH两家人，由于自家没有正常家庭那么多仪式可办，在之窥见“有亏无赚”的当前利益下，便选择不参与人情往来，亦不为人家办仪式提供帮助，可以想见的是，当日后家庭遭遇危机，也将很难获得乡邻的热心帮助，从而只能靠自身单薄的力量对抗逆境。

案例5-1：

LKJ，男，57岁，家中五口人，其妻子、儿子LF(34岁)、一个孙女(9岁)和一个孙子(6岁)。一家人身体状态良好，由于要负担两个孩子上学，家中收入入不敷出。LF初中读完以后就跟随其舅公去威海打工，在一家海鲜厂做包装。后来又跳槽，在威海的其他工厂工作了几年。在威海一家服装厂认识了一个女孩，相恋三个月后结婚，2009年生下女儿，几年后又添一子。LF后来又跳槽至一家工厂，在那里和一女子相恋，此事被发现后，其妻子坚定地要求与他离婚，LKJ还为此赶到威海进行调解，最后还是以离婚告终，孩子抚养权属于LKJ家。LF的出轨事件在村中落下了不太好的名声，有一次LKJ无意中路过邻居家，听见人家在院子里谈论其子出轨的事，他一气之下决定再也不与对方来往。直到现在(截至笔者调研时)，LKJ一想起这件事还是会觉得自己在村里攒了一辈子的好人品都被儿子“败光了”，从前很爱参与公共活动，常常在村公共活动场地和乡邻打牌下棋，而后来也很少再参与，久而久之接触的交际圈越发狭窄。而由于其子几乎一直在外务工，因

---

① 费孝通先生这样描述乡土社会中的往来，亲密社群的团结性依赖于各分子间都相互拖欠着未了的人情，“朋友之间抢着回账，意思是要对方欠自己一笔人情，像是投一笔资。欠了别人的人情就得找一个机会加重一些去回个礼，加重一些就在使对方反欠了自己一笔人情，来来往往，维持着人和人之间的互助合作”。参见：费孝通：《乡土中国》，北京：北京大学出版社，2012年版，第75页。

而也基本上中断了与村里同龄人的来往。就在去年年初(2017年),LF决定回家乡自己创业做服装加工作坊,可是在创业的过程中屡遭不顺,一是办创业贷款一直办不下来,二是来料加工订单十分有限,除了原来在威海认识的一个厂家,一直未能获得本地其他厂家的认可,三是能请到的工人也只有区区两三个。LF将自己创业一直未有进展归因于村里做这个生意的太多了,竞争过于激烈。而L村村支书与其他做服装加工的作坊主却不抱持这种观点,一位知晓LF的服装加工作坊主说:"人家家有事的时候他家都不见人影儿,等到他支场子的时候谁来买他的账?"(20180810-SFW-36岁)"LKJ一家人缘不行,没办法,不会做人,我看过好多做生意成功的,头脑不是最重要的,最重要的是会做人,要有好人缘。"(20180726-LDS-49岁)

案例 5-2:

LX,男,46岁,其有一子(22岁)一女(18岁)。考虑到其子马上到了成婚年龄,于今年(2018年)春天将自家的老房子重新改造。他本计划请同村的几个堂兄和侄子来帮忙共建新房,没想到二堂兄首先拒绝了,大堂兄称自己身体不适也拒绝了,后来连起初答应他的堂弟也改了口,称家中有事。LX最后只得花钱雇用了村里的装修班子。LX的堂弟告诉笔者,前年LX二堂兄家建房,LX中间也参与了一段时间,但并没有从头帮到尾。后来二堂兄搬新家摆酒,LX去喝了酒,但是出人意料地,没有给份子钱。他私下跟其他人说二堂兄给了其他兄弟建房子的劳酬唯独没有给他,所以应给份子钱就当自己的工钱抵了。据LX堂弟说明,二堂兄确实没有支付LX建房的劳酬,但也未支付其他人,而其他人都给了礼金。LX此举让二堂兄以及其他几位亲戚很不理解,他背地里埋怨二堂兄的事也让其他兄弟认为他太没有人情味,从此也埋下了彼此的嫌隙。于是也就出现了LX自家建房而无兄弟应援的窘境。

LKJ一家人为村中乡邻所区隔,是从LF的有悖社会伦理的行为开始的。而这种区隔由于范围不广(知晓此事的人不多,非议该户的乡邻也有限)、程度不深,其实并不至于将这家人推向村庄结构的边缘。而被非议或排斥打破了LKJ的面子与人缘维护的平衡,于是LKJ的心理区隔意识萌生,从而不再维系正常的人际交往,正是其自身退出人际交往圈的行为,不断加深着自家与村庄其他农户的区隔线。LX所经历的区隔一开始便是由自身建构的,由于将和陌生人交往的理性工具用在了亲人交往中,因而在情感上拉开了与亲人的距离,彼此之间的人情润滑剂消失,则日渐生涩、心生嫌隙。两家都在需要社会关系

网的力量时，由于其社会支持网基本“瘫痪”，因而欲发展而不得。

(二)区隔状态二：只顾眼前利益，失去既得资源

好人缘的积累除了要靠当事人牺牲自己利益和帮助别人“做”出来，“不轻易得罪人”和“待人处事尽量留有余地”也是很有必要的。从某种程度上说，对资源的“不争”、“忍让”、“以和为贵”即是一种以长远利益为目标的“争”的方式，长期压缩自我、隐藏自我的待人处事的方式本质上也是一种保护自我、赢得资源的策略。笔者在L村就发现了这样的相对贫困者，他们直来直往，只顾眼前利益得失，甚至为了眼前利益而不顾自己的信誉、名声，从而打破了与人交往的动态平衡，失去既得的资源。

案例 5-3：

WX，男，38岁，家中四口人，其母、妻子和一个儿子(25岁)。WX小学学历，在家务农，兼业建筑工。前些年WX一年有一半时间都在外干活，因而一年收入还不错。近几年WX一年到头在家的时间越来越长，能接到的活越来越少，一家人处于贫困状态。据一位给其介绍过工作的村民说，WX在外信誉不太好，一来是没有别人肯干；二是比较随性，工程还没有结束，“他说不干就不干了，拍拍屁股就走人，没得商量”。“那还是去年的事(给WX介绍工作)，之后没再找过他。他找到我让我给他找个活干，我就给他联系了一家曹县的建筑公司，我经常在那里做，老板也挺信任我的。我一说这个事(推荐WX加入某项目)，老板就答应了，他也就进了我们队。过端午那会儿活儿还没完呢，他也不和我打招呼就直接回了家待了两天，我给他打电话问他咋回事呢，人家说要在家过节。把我给气的！不仅这样，他还猴急地催结工资，大家都没急，干这行的你也知道，一般整个工程完结了以后再统一结清我们的劳酬，这也都是默认的行规了。活儿结束两个月工钱就结了，他还四处抱怨我给他介绍的活不好干……你说我还能再给他介绍活干吗，推荐了这样的人，我都觉得在队里面子没法搁了。和我吃了同样亏的人，我看也不会再找他干活了。”

由于在工作场合过于随意、散漫而无视行业规则，从而失去了作为一位合格的建筑工的素养，同时也失去了团队内部合作者，以及来自熟人网络的重要介绍人的信任，WX陷入了很难再找到活计的困境。WX与市场中的其他就业者还有所不同，当个人具备一定人力资本，如具备某种专业优势，或学历资本能

竞争过他人，那么熟人社会网络可能对于个人就业来说并非不可取代。而WX无论在年龄、学历、专业上都不占优势，因而熟人社会网络就构成了其求职的桥梁，而他在为人处世上的封闭和以自我为中心的状态无疑将其自己推向不值得被信任、不值得被器重以及不值得交往的边缘位置，除非改变自己待人处事的态度，修补或重新建构自己的社会网络，否则长期处于区隔状态中的WX很可能一直得不到或很难把握住发展机会。

笔者在第四章村庄政治区隔部分，在相对贫困者的政治参与中也提到了抗争与冲突者，如LYQ的案例(案例4-8)，因其争贫困户“资格”而不得，去县扶贫办上访，反映村委会在贫困户评选程序不规范等问题。与此同时，还采用了恶性抗争，即在扩建自家宅基地时因占取村中公共道路而与不少村民发生冲突。村支书还提到了他们家最近发生的一件事：

> LYQ家中于今年(2018年)上半年丢了一头牛。一般村里哪家发生这样的事，都会有多家支援，四处发散寻找。往年也有找回的情况。而LYQ家的牛丢了，村中竟没有一户人家主动去帮他寻找，最后那头牛没有找回，这对LYQ一家人的打击也很大。

正如笔者在前文中所分析的，因在上访中公开提及某些农户涉嫌扶贫关系户(这些被提及的人当中有为中间或富人群体的成员)，因而很可能与这部分人交恶；而对村干部的工作态度和能力的质疑以及后来所制造的公共秩序冲突，很可能使其与村干部之间原本的熟人关系纽带恶化；另外，在制造占据公共道路的抗争中，还与村中一些并无利益瓜葛的村民产生了冲突。LYQ的一系列泄愤行为既解构了其社会交际圈，同时也建构了自身与村庄其他村民的区隔，从而人缘急转直下，在遭遇生活变故时未能获得支持与支援，从而陷入更深层次的贫困。

第三节　相对贫困者习性的延续与贫困的再生产

习性的内涵极为广泛，也未有精确定义。被广为征引的概念来源于布迪厄的《实践的逻辑》一书，“与存在条件的特定阶级相联系的条件作用形成了习性：它是持久的、可变换的一些性情系统，是一些被建构的结构，这些结构倾向于作为建构性结构而起作用，也就是作为这样一些原则而起作用：它们产生和组织了实践和表征，从而，即便未有意识瞄准一些目标，或者并未明确掌握为达至这些目标必具的运作程序，就可以客观地适应到其结果中去。”[①]

① Bourdieu P：The Logic of Practice. Stanford：Stanford University Press，1992.

笔者在揭示不同群体/阶层的生活风格、品味时引入了习性概念，即将习性作为一个发生公式，视为相对贫困群体与其他群体的生活风格的区分图式系统。当我们再次审视习性的力量时，便不难发现：对于个体或家庭来说，习性作为建构性的结构，是一个持久的、可传递的秉性系统，会赋予个人在社会各个领域的活动以一种形式进行延续，使得行动者获得行动的意义与理由，并引导着实践。正如菲利普·柯尔库夫所阐释的：秉性，也就是说以某种方式进行感知、感觉、行动和思考的倾向，这种倾向是每个人由于其生存的客观条件和社会经历而通常以无意识的方式内在化并纳入自身的。即使这些习性在我们的经历中可以改变，那它们也深深地扎根在我们身上，并倾向于抗拒变化，这样就在人的生命中显示出某种延续性。①笔者认为，相对贫困者习性的延续性和传递性是其停滞在相对贫困状态或陷入更为贫困状态以及代际传递的内在因素。

一、个体贫困的延续与再生产

作为“体现在人身上的历史”，习性由积淀在个人身体内的一系列历史关系所构成，以下意识而持久的方式体现在个体行动者身上。贫困者的生活方式则是习性的外化。

(一)相对贫困者的习性表象

让我们简单回溯案例村相对贫困者个体层面的生活风格图景：

在居住模式与空间配置方面，相对贫困者及其家庭的住房往往处于交通及其他设施较为劣势的地理位置，此对相对贫困者的潜在影响在于构成其与外界沟通的屏障，限制其社会交往圈，降低其生活效率；居住的拥挤导致私人化的空间较难得到保证；相对贫困者及其家庭住房中往往匮乏家电等设施，生活效率低下。

在饮食消费与身体(形象)管理方面，在食物选择上，相对贫困者多局限于必然品味，即相对于自由品味来说是一种唯一的选择；在身体管理上，相对贫困者常忽视(或者说更不讲究)对自身的清洁与护理以及装束的外在呈现。

在文化投入方面，在闲暇时间的支配上，相对贫困者更多地体现出消遣型“混”日子的态度；在媒介应用上，相对贫困者则多显现出其封闭的视域，对于自己以外的世界漠不关心；在子女的教育上，相对贫困家庭更依赖学校对子女进行的教育，而家庭教育匮乏或缺失。

---

① [法]皮埃尔·布迪厄，华康德：《实践与反思：反思社会学导引》，李猛，李康译，北京：中央编译出版社，1998 年版，第 36 页。

(二)相对贫困的再生产

在相对贫困者的生活风格图景中,我们不难捕捉到蕴藏于相对贫困人口生活方式背后的贫困特征:知识匮乏、视域封闭、多局限于当下利益、缺乏计划未来的能力、少融入群体或社会。

需要指出的是,习性在常态下具有延续性。本书调研所捕捉的生活图景并不是被访者生活中稍纵即逝的片段,而是其生活的缩影,它们非与生俱来,很可能于被访者生活的某一时间节点发生,而后形成生活方式的惯性。更进一步来看,由于生活风格的分化,相对贫困者与村庄中其他人形成了日常生活交往、仪式人情交往以及政治参与的区隔。在习性的驱使下,相对贫困者的社会关系的建构行为,以及既已形成的社会区隔状态便难以打破。正如上文所论述的,在区隔的过程中,相对贫困人口的社会价值正在遭到解构,失去社会价值的相对贫困人口进而丧失了参与社会竞争的动力,而这又将导致其社会交往的动机进一步减弱,在其人情圈不断萎缩的情况下,无法向社会网络借力的相对贫困人口逐渐失去发展的机会。自我放弃或安于现状的心理以及内生动力不足的状态便由此产生。

相对贫困者"自我放弃"和"安于现状"的心理状态在贫困者的生活方式中屡屡呈现,如本研究在论述相对贫困群体的生活风格中提到的案例,同样居住在村庄深处住房密集区,有的村民对改善自身居住条件抱有极大的期待,也乐意付出更多努力来实现这一憧憬;而有的村民则不然,面对这样的分化场景以及自身居住的恶劣条件,他们并没有改善的动力和意愿。又如笔者在调研相对贫困者对闲暇时间的利用时发现,不少相对贫困者闲暇时选择消遣型而非发展型的活动,由于没有"奔头"因而持"混日子"的态度。也如笔者在上文中提及的主动自我区隔,放弃维系社会纽带甚至破坏原有社会纽带的案例,自我建构的区隔最终会强化其社会区隔状态,形成区隔的恶性循环。这种区隔下的"自我放弃"一旦成为习性,便塑造、组织实践,生产着历史,用布迪厄的话来说,它是一种"外在性的内在化"。对于相对贫困者来说,自我放弃构成了漫长的放弃活动,这种活动促使他们令其愿望符合其客观机遇,因此致使他们顺应自身的条件,变成其所是,满足其所有,哪怕是在其所是和所有方面努力地欺骗自己,并且借助集体的共谋,放弃逐渐地半途而废的所有间接可能性,放弃不去实现而被认为不可实现的所有希望。[①]

---

① [法]皮埃尔·布尔迪厄:《区分:判断力的社会批判》,刘晖译,北京:商务印书馆,2015年版,第183页。

“自我放弃”的心态指引下的习性以生活方式的外化形式得以延续，使得相对贫困者无法摆脱贫困，使得在扶贫效果上那些仅仅馈赠物质资源的帮扶行为徒劳无功，受到外界帮扶或其他偶然因素一时间从经济状态上摆脱贫困的贫困者会再次陷入贫困，形成贫困的循环。

二、贫困的代际传递

贫困代际传递是从社会阶层继承和地位获得的研究范式中发展得来的。在研究长期性的贫困过程中，研究者发现贫困家庭和贫困社区存在贫困代际传递现象，从而提出该概念。学界对贫困的代际传递机制的研究主要存在结构性机制与文化机制两种取向。结构性机制取向的观点将贫困代际传递归纳为经济基础、社会地位、二元劳动力市场、就业机会等因素，认为上述机制的限制直接或间接地导致了贫困人口及其子女在养老、医疗等社会福利待遇上处于劣势地位。[①] 文化机制取向的观点则强调贫困者所共享的有别于主流文化的一种生活方式，贫困人口的子女在贫困亚文化的笼罩下进行的贫困再生产。[②] 从习性、生活方式上对贫困代际传递机制进行阐释，即是从文化取向出发的。笔者认为，个体的习性早期是在家庭中复制的，这种性情倾向影响着人们的成长轨迹，因而贫困的习性可能在代际进行传递和复制，从而导致了贫困的再生产。

（一）家庭教育的缺失

作为基本的保障和经济单位，家庭为后代提供从摇篮到坟墓的所有福利，把精力投注于提高后代的发展机会与生产能力。相对贫困者所接受的教育质量和时间通常较为匮乏，受教育程度较低。根据子女生育和培养的“质量—数量替代”理论，父母的受教育水平与生育子女数量呈反向关系，与对子女的教育投资呈正向关系。[③] 这意味着父母的受教育水平在较低的情况下，其子女接受

---

① 如贝克尔与托马斯的研究强调贫困与劳动力市场的关联，儿童人力资本的发展的阻碍是由于缺乏经济资源；科尔曼则提出贫困父母与非贫困父母相比缺少与劳动力市场的联系；威尔逊指出大批制造业迁出城市中心区，于是一些贫困者失去了城市中心制造业的工作，这直接减少了他们脱贫的机会。

② 最早从文化取向出发讨论贫困代际传递机制的为美国人类学家奥斯卡·刘易士，他在《五个家庭：关于贫困文化的墨西哥人实例研究》一书中，对贫困家庭和社区的实际比较研究中提出贫困是一种自我维持的文化体系，一方面贫困者与其他社会成员在社会文化方面是相互隔离的，一方面贫困文化形成后便会对圈内的人以及后代产生影响。

③ Becker G S, Tomes N: Child Endowments and the Quantity and Quality of Children. Journal of Political Economy，1976(4).

更多教育的概率也会相对较低，因而接受更多教育所带来的人力资本增长的概率也不高。

完全无视教育的作用的贫困家庭数量正在减小（它曾构成贫困代际传递的主要因素），而关于对子女的教育态度的新问题则更加凸显。在调研中笔者发现，L村的相对贫困者通常会忽略与学校协同培养子女。即笔者在第三章分化的图景——文化投入中论及的，L村相对贫困群体很少将教育纳入家庭日常生活中。许多家庭都将学校视为对子女进行教育的最权威且唯一的场所，将受教育的内涵仅仅理解为吸收、获取书本知识，将教育与试卷分数、资格证书等挂钩，于是将对子女教育的期待完全寄托于学校。相对于仅能提供子女的日常生活开销而无法负担学校以外的额外培训的贫困地区的贫困人口来说，L村一般相对贫困者还有余力承担额外培训的支出。而笔者发现，受文化认知低下的影响，他们中的大多数都倾向于送子女去类似于托管性质的作业辅导班，而对子女兴趣爱好、个人能力及综合素质的培养与提升较少。对于综合素质较为匮乏的子女来说，应试教育便成为他们参与社会竞争的唯一渠道。正如案例3-5的家庭，女主人缺乏判断究竟什么对其女儿的学业有所助益的能力，于是为了上初中的女儿方便上网查找学习资料，女主人便不假思索地为女儿购置了一部智能手机，为了满足其收看科教节目，更换了家中的彩电，殊不知这些"工具"在更多时候扮演着"娱乐工具"的角色。案例3-5并非个案，而是众多贫困家庭的缩影，有限的文化资本限制了他们对教育的认识——显然他们并不能完全理解教育的"真谛"，所以才将学校教育视为唯一权威，对学校发出的"指令"不加判断地"惟命是从"，子女也很难从教育中获益。

（二）贫困家庭生活方式的复制

代际的习性复制不仅是一套教养下一代的文化逻辑，更是文化习性的深层结构及其生命历程的切肤体验。贫困家庭生活方式的复制主要存在两个方面：对生活习性以及区隔状态的复制。

在家庭中，长辈的身体形态、言语对话、生活方式形成了一种示范效应，作为隐蔽的文化资本传递给子女。代际复制的奥秘，不仅在于家庭让孩子做了什么，还在于让孩子看到什么、听到什么、感知到什么。正因为家庭日积月累、无时无刻都存在着这种"看"、"听"和"感受"，因而家庭生活方式极易在家庭成员中传递，于个体发展不利的生活方式也不例外。如在身体管理方面，研究发现相对贫困家庭更容易忽视对自身的清洁与护理，在外在装束上，相对贫困者也更容易忽略外形的展示，甚至在实地访谈中遇到上身裸露的女性在院落中干活。生活于此家庭中的子女通过耳濡目染也极易沿袭父母的习性。在闲暇时

间的利用上，由于未能意识到时间的价值，相对贫困者更多地选择消遣性的活动来“打发”时间，而非充电、学习等发展型活动。有研究证实，父母的阅读习惯比参加高雅文化活动对孩子的文化资本影响更大，①而一部分相对贫困家庭中的子女显然无法获得这种文化资本优势。而另外，家庭闲暇时间的消遣型娱乐活动可能为子女所习得，另一方面也反映出这些家庭中的父母鲜有精力投入陪伴子女上。而笔者在案例村发现，该村中间群体中不少家庭中的父母的闲暇时间用来投入子女的教育，如监督孩子完成作业、陪伴孩子阅读、带孩子体历不同的社会活动等。总之，家庭中父母的生活方式很容易传递给价值观尚未完全建立的子女，从而导致子女对致贫的生活方式的采纳与习得。

社会区隔在家庭中也具有复制效应。与其他群体产生区隔，在社会中处于结构边缘位置的贫困家庭的子女，也很难学会建构关系。他们缺失的可能是与人交际、互动的意识与能力，也可能是参与社会竞争的信心，从而可能沿袭其父母贫困生产的路径——从社会关系网络中脱嵌进而退出村庄竞争，从而失去发展动力，在被区隔与自我区隔的双重作用下，中断人情往来，失去既得社会资源，丧失发展机会，从而陷入贫困状态。

---

① Graaf N D D，Graaf P M D，Gerbert Kraaykamp：Parental Cultural Capital and Educational Attainment in the Netherlands：A Refinement of the Cultural Capital Perspective，Sociology of Education，2000(4)：92-111.

第六章　结论与讨论

第一节　研究基本结论:相对贫困再生产的机制何在

相对贫困与绝对贫困相比,突破了“维持生存”和“基本需求”的贫困概念和界定,相对贫困是不同群体的对比,而这些对比可以表达为物质上的、社会上的相对匮乏,并在社会活动中不断被解构与重构。

农村相对贫困群体与其他群体的生活风格囊括了其特殊的偏好,这些偏好在一些象征物如住宅、服装、语言或身体素养的特定逻辑中表达相同的表现意图,即展现自身与其他群体的关系以及自己在场域中的位置。通过比较分析农村相对贫困群体与其他群体在居住模式及空间配置、饮食习惯及自身形象(身体)的管理和文化投入等方面,研究发现这些日常生活风格不仅构成了相对贫困群体与其他群体的分化,也成为相对贫困人口分化的主动表达机制,建构着其与其他群体的区隔。社会区隔具有差异性和优越性的双重特性:在社会空间中占据优势地位,或对自身文化抱以优越感的人,会通过维持自身的感知和生活方式,并在其与其他群体共同所在的场域塑造出有利于自身的竞争性等级体系从而强化社会区隔;而社会空间中的其他群体可以通过追随、参照这种“被标榜”的品味塑造自身,以在竞争中占取理想的社会地位与声望。一部分群体通过自身努力与参与竞争,得以和富人群体“打成一片”;也有一部分群体,因与“自由品味”距离太大,无论如何尝试均无法适应村庄中通行的竞争规则,在被塑造的社会区隔中逐渐被边缘化。这种边缘化也非单向性活动,面对在竞争场域中“降级”的风险,相对贫困群体可能会转移将产生的“挫败感”,从而将自身隔离于竞争体系之外。本研究认为,相对贫困群体与其他群体的区隔渗透入日常交往、人情仪式以及村庄政治参与中。

在区隔过程中,相对贫困再生产的机制何在?

首先,村庄熟人社会是笔者所研究的区隔发生的场域,因为村庄中存在普遍的社会关系,具备信息对称性、互动在场性特征,因而由关系断裂所形成的社会区隔从外在看十分凸显，于内在则深刻影响了相对贫困者的行为逻辑。区隔的状态意味着个体不再重视与他人往来，不再看重他人的评价，因而其所处的村庄的共享价值对其而言也失去了意义。对于本身未能实现本体性价值的相对贫困者而言，其发展目标丧失，同时也失去了进一步追求社会层面价值的资本；对于另一部分群体来说，虽然其可能实现了本体性价值，而由于其处在社会区隔状态中（不管是被外界区隔还是自我区隔），因而从社会关系网络中脱嵌的他们也不再参与村庄竞争。

从社会关系网络中脱嵌的相对贫困群体意味着“人缘差”。而好人缘正表征着个体社会资源存量和增长潜力，主要体现在工具性资源（即主要是指类似财富、实物、权位、重要信息、实质性帮助等具有较强外在实用性的资源形态）和象征性资源（主要是指类似于声望、名誉、形象、口碑、荣誉、他人尊敬等具有较强心理满足感的资源形态）的获得，而工具性资源无论是对于村中生计还是外出务工、创业的人来说都十分重要。对于区隔状态下的个体来说，由于他们未能通过人际实践获得好人缘，因而中断人情往来，只顾眼前利益导致失去既得社会资源，从而丧失发展机会。失去了像其他村庄竞争者那样要求自己“从众”或“超越他人”的动力，又无法从社会关系网络借力以图谋发展，因而“安于现状”或“自我放弃”便构成了贫困者生活、行动的心态。

这种区隔下的“自我放弃”与“安于现状”一旦成为习性，便塑造、组织实践，生产着历史，用布迪厄的话来说，它是一种“外在性的内在化”。对于相对贫困者来说，自我放弃构成了漫长的放弃活动，这种活动促使他们令其愿望符合其客观机遇，因此致使他们顺应自身的条件，变成其所是，满足其所有，哪怕是在其所是和所有方面努力地欺骗自己，并且借助集体的共谋，放弃逐渐地半途而废的所有间接可能性，放弃不去实现而被认为不可实现的所有希望，[①]如此导致了个体贫困的生产与再生产。而习性又具备可传递性，个体的习性早期是在家庭中复制的，这种性情倾向影响着人们的成长轨迹，因而贫困的习性可能在代际进行传递和复制，从而导致贫困的延续与再生产。

第二节 讨　论

在中微观层面上对相对贫困群体/个体的贫困的再生产机制的探讨，主要存在经济学话语中的低水平均衡论，以及社会学话语中的平层压力、弱势累积

① [法]皮埃尔·布尔迪厄：《区分：判断力的社会批判》，刘晖译，北京：商务印书馆，2015年版，第183页。

以及社会排斥论。

低水平均衡陷阱理论最初由经济学者纳尔逊提出，用以解释低收入国家中人口增长对人均国民收入的影响。该理论被广泛运用于对贫困的再生产的推理中：匮乏资本或其他要素的贫困者由于缺乏改善自身困境的条件，因而陷入贫困的恶性循环当中，按照经济学者纳克斯的话“一国穷是因为它穷”。如有学者用人力资本投资决策模型分析贫富差距的演化与持续性贫困的形成：由于人力资本存在投资门槛，初始资本较低的贫困者无法对自身进行投资从而只能留在传统部门，其收入也停留在传统部门的较低水平。[①] 还有学者从信贷约束与金融风险视角出发，认为低收入者常常缺乏抵押担保物，由于受信贷规则约束，无法贷到足够的金额，因而致富也变得遥遥无期。对于低收入者而言，信贷限制了他们获得更高收入。收入决定财富，低财富水平限制了抵押担保程度，而低担保又使得其无法参与高收入活动。如班纳吉与纽曼认为信贷市场的限制影响了贫富的两极分化，具体演化逻辑为：社会中的个体会根据其最初的财富选择不同风险程度的工作：是投资无风险的资产，还是选择有风险的自雇经营抑或是企业生产。虽然拥有较少财富的个体可以通过借贷选择后两类事业，但是信贷市场的规定如担保抵押资产多的人可以以低成本贷到资金，而拥有抵押担保资产少的人想要贷到和前者同样的资金则需要更高的成本。在此现实下，最初的资产拥有量将决定其从事的类别与收入，由此最初拥有资产少的家庭将落入持续性贫困的境地。[②] 低均衡贫困论的逻辑能完整地描述贫困的再生产的整个机制与过程。而不难发现持此思路的研究者的悲观主义色彩，一方面，他们过于强调外部因素的主导作用，而对贫困者的能动性不抱乐观态度。在此预设下，只有具有针对性的社会政策才能使贫困者脱困。因此持此思路的学者往往将改变穷人窘境的希望寄托于政府。另一方面，在现实社会中，似乎在每一种观点之上建立起来的脱贫举措都仅仅停留在短期的权宜之计，而社会在转型的过程中存在着许多不确定的空间，如旨在救助贫困者的一些政策，到头来可能成为贫困者惰性或依赖性的“催化剂”，如有学者就提到政府的过度干预或看起来能给贫困者生产生活带来直接益处的政策却反过来使其沉浸在贫困者福利中，不愿意靠自己的力量脱贫。这种非预期的结果正揭示了仅仅靠社会经济的发展以及政策援助，对于贫困者稳定持续脱贫已经不完全奏效。

---

① Oded G, Joseph Z: Income Distribution and Macroeconomics, Review of Economic Studies, 1993(1).

② Banerjee A V, Newman A F: Occupational Choice and the Process of Development, Journal of Political Economy, 1993(2): 274-298.

波蒂斯与森森布伦纳提出"平层压力",他们认为个人会受制于其共同体成员基于集体价值观与规范力量的困扰,高度团结的共同体会限制个人行动的范围。共同体会通过施加平层压力,使被压制的成员和共同体中的其他人留在相同或相似的位置,从而直接抑制或破坏个人流动及向上的努力。[①] 华康德和威尔逊也有类似观点,在对芝加哥南部地区超级贫民窟的研究中,他们发现因共同的逆境而凝聚起来的团结感会抑制个人向外寻求机会的动机。[②] 与低均衡水平导致的贫困陷阱不同,"平层压力"理论涉及了物质以外的贫困群体内部的特征与文化。即因共同的逆境而凝聚起来的团结感抑制了个人寻求外在机会的动机。这种将群体文化作用于一个共同体的研究也存在诟病,如其一方面将社区、民族、家族、家庭视为一个不可分割的整体,只注意到这些群体的共性而忽略了内在的差异性,事实是许多共同体内部成员都是"参差不齐"的;另一方面该观点适合用来解释传统或特殊的部落、族群以及其成员的持续性贫困,而对于现代社会中更为普遍的群体、个体的贫困的再生产则缺乏解释力。

贫困的弱势累积观来源于生命历程理论。持这些理论的学者们同时注重结构对贫困者的作用以及此类作用下的贫困者个体的能动性。生命历程理论在方法论上将时间的多面性与社会结构变迁以及社会制度设置相联系,从社会文化角度关注各个年龄层在社会结构中所处的位置,以及从同龄群体及其历史的视角来分析个体的生活经历和体验。其所秉持的方法论糅合了个体取向与结构取向的解释方法,是对贫困的再生产机制的动态呈现。而其对于揭示贫困的再生产的深层机制又存在一定的局限,首先,其聚焦于贫困者个性、社会行为与越轨行为的累积,而在一定程度上忽略了贫困者社会地位、教育等的累积效应;其次,生命历程理论强调负向事件的累积导致贫困的再生产,虽然它也强调个体的能动性,但是和风险论中的行动者一样,该能动性常指个体对生活轨迹的被动调试,从某种程度上说,它与结构取向的解释方法同样忽略了贫困者的主体性;最后,生命历程理论主要对一些特殊群体的生命历程进行纵贯性深描,而由于不同个体/群体存在异质性,其研究或许存在代表性不足的问题。

也有学者从社会排斥切入,认为来自外部社会世界的排斥构成了贫困者某些社会权利的丧失以及形塑了贫困者的负面心理,而负面心态又会指引贫困者

---

① 阿莱詹德罗·波蒂斯,朱利亚·森森布伦纳:《嵌入性和移民:经济行动的社会决定因素》,载于[美]弗兰克·道宾主编:《新经济社会学读本》,左晗,程秀英,沈原译,上海:上海人民出版社,2013年版,第286-287页。

② Wacquant, Wilson: The Cost of Racial and Class Exclusion in the Inner City, Annals of the American Academy of Political and Social Science, 1989(1):8-25.

的行动，由此陷入贫困的循环。低水平均衡论只注意到结构层面的因素，平层压力聚焦于文化层面的因素，社会排斥论的贡献在于同时考虑到了结构与文化的因素，它是从外部社会世界与贫困个体/群体的互动的角度来考察贫困的再生产问题。不过该观点的盲点在于简化了社会行动者之间的关系，即只注意到其他层次群体对贫困群体施加的作用，认为贫困者只能被动调试被排斥的状态，即局限于一种单向性的关系，而忽略了贫困群体主动与其他群体进行关系建构的过程。

笔者认为，对相对贫困的再生产过程进行动态的考量是有必要的，因而应在研究中考虑到相对贫困者所处的情境，即外部社会对其施与的力量。社会行动者并非意识形态的被动承载者，贫困的再生产在实际情境中一方面由结构性因素所塑造，另一方面相对贫困者自身具有主动选择性，在面临来自社会及社会中的其他群体的力量时，他们会做出反应并反作用于其他群体，因而从不同群体的关系、互动切入，在互动过程中把握贫困的再生产的关键就显得十分必要。本研究案例村在一定程度上印证了笔者的构想，贫困者的生活风格是结构分化下的产物，同时也是相对贫困者对结构的回应，也即相对贫困者对自身生活风格的建构。携带着不同生活风格的不同层次群体会在村庄场域中搭建关系与网络，按照结构的观点，正是那些在社会空间中处于优势地位的群体建构着对相对贫困群体的区隔，从村庄经验来看，相对贫困群体并不是意识形态的被动承载者，而是积极的处理者——他们一方面经历着被区隔，另一方面又主动建构着与村庄富人群体的区隔。理解相对贫困群体于结构中发挥主体性过程中的内在张力，我们便能把握相对贫困的再生产的深层机制与逻辑。

根据本书的研究结论，社会区隔是导致相对贫困再生产的重要因素，因而解决相对贫困问题的一条思路应是将相对贫困群体从区隔的牢笼中解放出来。具体而言，可以帮助相对贫困者寻找社会价值以及树立积极的生活目标。由于这是一项需要下“绣花功夫”的村治事业，由现有村治体系来承担面临很多问题。因而组建社会组织，促进农村居民联合；设置专门的社会工作岗位，引入职业社工或志愿服务；在贫困个体层面，培育相对贫困人口的主体性文化是一个可能的方向。

附　　录

附录A　结构式访谈提纲

(一)基本情况

姓名、性别、年龄、文化程度、家庭人口数、联系方式。

(二)饮食消费

1. 食材来源:a. 以自己(家)种植(养殖)为主;b. 以向他人购买为主;c. 以上二者比例相当。

2. 每个月下馆子的次数:a. 一次也没有;b. 一次到三次;c. 大于三次。

3. 对饮食的控制:a. 吃很饱;b. 基本吃饱;c. 吃七八分饱。

4. 营养食物的摄入:a. 是否每周都吃上超过两种肉类;b. 是否每周都吃上水果;c. 是否每周都能喝牛奶/酸奶。

5. 一周内吃剩饭剩菜(第二次吃距第一次吃相隔24小时及以上)的次数:a. 一次也没有;b. 一次到三次之间;c. 大于三次。

(三)身体形象管理

1. 每周洗澡(夏)次数:a. 一次都没有;b. 一次;c. 一次到三次;d. 每天。

2. 理发的频率:a. 半个月到一个月;b. 一个月到两个月;c. 两个月以上。

3. 洗澡时会使用清洁产品:a. 使用;b. 不使用。

4. 家中女主人每天化妆:a. 是;b. 否。

5. 个人护肤品(不包括洁面产品)超过三样:a. 是;b. 否。

6. 从不或很少化妆:a. 是;b. 否。

7. 家中有人去理发店做过头发烫、染:a. 是;b. 否。

(四)闲暇生活方式

1. 是否看电视、听广播。

2.是否看书、报、杂志。

3.是否玩手机、游戏。

4.是否串门。

5.是否闲逛、发呆。

6.是否打牌、下棋、打麻将。

7.是否参与文体活动(跳舞、唱歌、打球等)。

8.是否旅游、度假。

9.是否逛街、购物。

10.是否做美容、按摩等养生项目。

附录B　无结构式访谈提纲

(一)相对贫困家庭/个体访谈提纲

1.姓名、性别、年龄、文化程度、家庭人口数、在村庄生活的时间、被确定为贫困户的时间、联系方式。

2.家庭主要成员及基本情况概览。

3.其工作经历以及其间的选择(农业生产或外出务工或从事经营)。

4.结婚年龄,与配偶相识的形式,配偶的家乡。

5.子女情况:年龄、受教育情况,在教育、培育方面的投资。

6.社会交往情况:串门、参与公共活动、人情往来。

7.闲暇时间的支配情况。

8.对村庄发展的看法,对村委会工作的看法,对村庄中的富人(如何致富、生活状态、为人处世)的看法,对和自己条件差不多的贫困户的看法。

(二)其他个体访谈提纲(来自中间/富人群体)

1.姓名、性别、年龄、文化程度、家庭人口数、在村庄生活的时间、联系方式。

2.其工作经历以及其间的选择(农业生产或外出务工或从事经营)。

3.子女情况:年龄、受教育情况,在教育、培育方面的投资。

4.社会交往情况:串门、参与公共活动、人情往来。

5.闲暇时间的支配情况。

6.对村庄发展的看法,对村委会工作的看法,对村庄中的贫困者(为何贫困、生活状态、为人处世)的看法。

（三）其他工作者（来自镇扶贫办工作人员/L 村村委会班子成员）

1. 对村庄发展的看法（结合地区特性及村庄历史）。
2. 对村庄分化情况的把握。
3. 对有代表性的个案的介绍。
4. 对村庄贫困者的看法（主要为致贫原因）。

参考文献

一、著作

[1] 中共江苏省委党史工作办公室,江苏省中共党史学会.总结经验　继往开来——纪念中国共产党成立90周年理论研讨会论文集[M].北京:中共党史出版社,2011.

[2] [英]托马斯·莫尔.乌托邦[M].戴镏龄,译.北京:商务印书馆,1996.

[3] [英]罗伯特·欧文.欧文选集:第一卷[M].柯象峰,何光来,秦果显,译.北京:商务印书馆,1979.

[4] [美]威廉·费尔丁·奥格本.社会变迁——关于文化和先天的本质[M].王晓毅,陈育国,译.杭州:浙江人民出版社,1989.

[5] [美]戴维·S.兰德斯.国富国穷[M].门洪华,等译.北京:新华出版社,2010.

[6] [美]弗兰克·道宾.新经济社会学读本.[M].左晗,程秀英,沈原,译.上海:上海人民出版社,2013.

[7] 张人杰.国外教育社会学基本文选(修订版)[M].上海:华东师范大学出版社,2009.

[8] [法]让·鲍德里亚.消费社会[M].刘成富,全志钢,译.南京:南京大学出版社,2001.

[9] [美]保罗·福赛尔.格调:社会等级与生活品位[M].梁丽真,乐涛,石涛,译.北京:中国社会科学出版社,1998.

[10] [法]皮埃尔·布尔迪厄.区分:判断力的社会批判[M].刘晖,译.北京:商务印书馆,2015.

[11] [德]马克斯·韦伯.经济与社会(第一卷)[M].阎克文,译.上海:上海人民出版社,2010.

[12] 陆学艺.当代中国社会阶层研究报告[M].北京:社会科学文献出版社,2002.

[13] [印]阿马蒂亚·森.以自由看待发展[M].任赜,于真,译.北京:中国人民

大学出版社,2012.
[14] [德]阿斯曼,[德]斯托贝格.马克思列宁主义社会学原理[M].哈尔滨:黑龙江人民出版社,1983.
[15] 黑龙江社会科学院社会问题研究中心.生活方式研究[M].哈尔滨:黑龙江社会科学院出版社,1985.
[16] 费孝通,王同惠.花篮瑶社会组织[M].南京:江苏人民出版社,1988.
[17] [美]保罗·福塞尔.格调:社会等级与生活品味[M].石涛,译.北京:世界图书出版公司,2011.
[18] [美]戴维·斯沃茨.文化与权力:布尔迪厄的社会学[M].陶东风,译.上海:上海译文出版社,2006.
[19] [德]马克思,恩格斯.马克思恩格斯全集(第一卷)[M].北京:人民出版社,1960.
[20] [法]皮埃尔·布迪厄,华康德.实践与反思:反思社会学导引[M].李康,李猛,译.北京:中央编译出版社,1998.
[21] 中共中央编译局.马克思恩格斯选集(第一卷)[M].北京:人民出版社,1972.
[22] [美]凡勃伦.有闲阶级论:关于制度的经济研究[M].蔡受百,译.北京:商务印书馆,2009.
[23] 阎云翔.私人生活的变革:一个中国村庄里的爱情、家庭与亲密关系(1949—1999)[M].龚小夏,译.上海:上海人民出版社,2017.
[24] 杜君立.现代的历程:一部关于机器与人的进化史笔记[M].上海:上海三联书店,2016.
[25] 张磊.中国扶贫开发政策演变(1949—2005年)[M].北京:中国财政经济出版社,2007.
[26] 吴明瑜,李泊溪.中国1997—2020科学技术与人民生活[M].北京:中国财政经济出版社,1997.
[27] 高宣扬.流行文化社会学[M].2版.北京:中国人民大学出版社,2015.
[28] [德]诺贝特·埃利亚斯.文明的进程:西方国家世俗上层行为的变化[M].王佩莉,译.北京:生活·读书·新知三联书店,1998.
[29] 周晓虹.现代社会心理学:多维视野中的社会行为研究[M].上海:上海人民出版社,1997.
[30] 费孝通.乡土中国[M].北京:北京大学出版社,2012.
[31] 杨国枢,余安邦.中国人的心理[M].台北:桂冠图书公司,1993.
[32] 黄光国.面子:中国人的权力游戏[M].北京:中国人民大学出版社,2004.

[33] 翟学伟. 中国人的脸面观:形式主义的心理动因与社会表征[M]. 北京:北京大学出版社,2011.
[34] [美]彼德·布劳. 社会生活中的交换与权力[M]. 孙非,张黎勤,译. 北京:华夏出版社,1988.
[35] 阎云翔. 中国社会的个体化[M]. 陆洋,等译. 上海:上海译文出版社,2012.
[36] 徐勇. 徐勇自选集[M]. 武汉:华中理工大学出版社,1999.
[37] 胡荣. 理性选择与制度实施:中国农村村民委员会选举的个案研究[M]. 上海:上海远东出版社,2001.
[38] 程同顺. 当代中国农村政治发展研究[M]. 天津:天津人民出版社,2000.
[39] [日]滋贺秀三,等. 明清时期的民事审判与民间契约[M]. 北京:法律出版社,1998.
[40] 翟学伟. 中国人的关系原理:时空秩序、生活欲念及其流变[M]. 北京:北京大学出版社,2011.
[41] 梁漱溟. 中国文化要义[M]. 上海:上海人民出版社,2011.
[42] 潘光旦. 说伦字[M]. 载于《潘光旦选集(第 3 卷)》,北京:光明日报出版社,1999.
[43] 李银河. 生育与村落文化[M]. 呼和浩特:内蒙古大学出版社,2009.
[44] [美]詹姆斯·S. 科尔曼. 社会理论的基础[M]. 邓方,译. 北京:社会科学文献出版社,1999.
[45] 李路路,李汉林. 中国的单位组织——资源、权力与交换[M]. 杭州:浙江人民出版社,2000.
[46] 林聚任. 社会网络分析:理论、方法与应用[M]. 北京:北京师范大学出版社,2009.

二、期刊

[1] 黄承伟. 中国扶贫开发道路研究:评述与展望[J]. 中国农业大学学报(社会科学版),2016,33(05).
[2] 张琦,冯丹萌. 我国减贫实践探索及其理论创新:1978—2016 年[J]. 改革,2016(4).
[3] 邢成举,赵晓峰. 论中国农村贫困的转型及其对精准扶贫的挑战[J]. 学习与实践,2016(7).
[4] 郑瑞强,曹国庆. 脱贫人口返贫:影响因素、作用机制与风险控制[J]. 农林经济管理学报,2016,15(6).
[5] 周怡. 贫困研究:结构解释与文化解释的对垒[J]. 社会学研究,2002(3).

[6] 周林刚.论社会排斥[J].社会,2004(3).

[7] 潘泽泉,许新.贫困的社会建构、再生产及应对:中国农村发展 30 年[J].学术研究,2009(11).

[8] [美]博希尔.贫穷的文化[J].现代外国哲学社会科学文摘,1995(4).

[9] 李强.贫困文化之研究[J].天津社会科学,1989(1).

[10] 贾俊民.贫困文化:贫困的贫困[J].社会科学论坛,1999(Z1).

[11] 曾群,魏雁滨.失业与社会排斥:一个分析框架[J].社会学研究,2004(3).

[12] 韩庆龄.结构边缘与文化排斥:农村“老实人”光棍的社会形成机制[J].青年研究,2018(3).

[13] 银平均.社会排斥视角下的中国农村贫困[J].思想战线,2007(1).

[14] 李煜.利益威胁、文化排斥与受挫怨恨——新“土客”关系下的移民排斥[J].学海,2017(2).

[15] 徐琴.城市体制外贫困社群的生产与再生产[J].江海学刊,2006(5).

[16] 郭跃.试从公平与效率角度探讨“贫困陷阱”问题及其对策分析[J].法制与社会,2007(11).

[17] 王喆.城市低保中的贫困陷阱成因及解决[J].法制与社会,2011(24).

[18] 文军,李珊珊.文化资本代际传递的阶层差异及其影响——基于上海市中产阶层和工人阶层家庭的比较研究[J].华东师范大学学报(哲学社会科学版),2018,50(4).

[19] 张翠娥,王杰.弱势的累积:生命历程视角下农村贫困家庭的生成机制[J].华中农业大学学报(社会科学版),2017(2).

[20] 徐洁,李树茁.生命历程视角下女性老年人健康劣势及累积机制分析[J].西安交通大学学报(社会科学版),2014,34(4).

[21] 徐静,徐永德.生命历程理论视域下的老年贫困[J].社会学研究,2009,24(6).

[22] 田丰韶.从体制区隔走向协同治理:兰考精准脱贫的实践与思考[J].中国农业大学学报(社会科学版),2017,34(5).

[23] 谢桂华.市场转型与下岗工人[J].社会学研究,2006(1).

[24] 刘敏,包智明.从区隔到共享:后种族隔离时代的居住空间——南非开普敦市海湾镇贫民窟的民族志研究[J].中央民族大学学报(哲学社会科学版),2016,34(1).

[25] 潘泽泉.社会网排斥与发展困境:基于流动农民工的经验研究——一项弱势群体能否共享社会发展成果问题的研究[J].浙江社会科学,2007(2).

[26] 刘超.农民居住形态与阶层分化:浙江例证[J].重庆社会科学,2017(3).

[27] 彭兰.网络传播与社会人群的分化[J].上海师范大学学报(哲学社会科学版),2011(2).

[28] 蒋建国.网络族群:自我认同、身份区隔与亚文化传播[J].南京社会科学,2013(2).

[29] 陈光裕,徐琴.租、住区隔:城市中的二元社区及其生成——以产权为视角的个案研究[J].学海,2014(6).

[30] 邹秋仁.区隔与融入:一个群体关系的模式分析[J].宁夏社会科学,2010(2).

[31] 何颖.惯习区隔与政策壁垒——北京市公立学校随迁子女文化融合困境的人类学分析[J].广西民族研究,2016(4).

[32] 高雪莲.区隔的童年:城市儿童与乡村流动儿童的课余世界[J].北京社会科学,2017(9).

[33] 雷望红.空间排斥视角下农村老年人地位边缘化研究——基于山东J村撤村并居实践的考察[J].华中农业大学学报(社会科学版),2017(2).

[34] 印子.农村日常生活区隔化与农民阶层分化再生产——基于浙北农村调查的分析[J].北京社会科学,2015(7).

[35] 邢虹文.文化的区隔:电视文化与社会分化[J].社会,2004(8).

[36] 王建平.分化与区隔:中国城市中产阶层消费特征及其社会效应[J].湖南师范大学社会科学学报,2008.

[37] 杨华.建构农村阶层关系研究概念体系[J].华中农业大学学报(社会科学版),2014(5).

[38] 杨华,杨姿.村庄里的分化:熟人社会、富人在村与阶层怨恨——对东部地区农村阶层分化的若干理解[J].中国农村观察,2017(4).

[39] 邹农俭.论农民的阶层分化[J].甘肃社会科学,2004(4).

[40] 陈柏峰.土地流转对农民阶层分化的影响——基于湖北省京山县调研的分析[J].中国农村观察,2009(4).

[41] 贺雪峰.取消农业税后农村的阶层及其分析[J].社会科学,2011(3).

[42] 毛丹,任强.中国农村社会分层研究的几个问题[J].浙江社会科学,2003(3).

[43] 杜任之.谈谈生活方式[J].社会,1982(1).

[44] 王玉波."生活方式"浅探[J].晋阳学刊,1983,(06).

[45] 张文宏,刘永根.社会分化、生活体验与阶层冲突的主观建构[J].社会科学战线,2017(1).

[46] 张洪伟,金卓.我国农村阶层分化的历史变迁及其特点[J].前沿,2011(5).

[47] 陆学艺,张厚义.农民的分化、问题及其对策[J].农业经济问题,1990(1).

[48] 仇立平,顾辉.社会结构与阶级的生产:结构紧张与分层研究的阶级转向[J].社会,2007(2).

[49] 周晨虹.近年来关于阶层关系问题的研究述评[J].唯实,2007(2).

[50] 山东省地方史志办公室.山东省东西部差距是如何形成的——兼论菏泽地区经济长期滞后的历史原因[J].山东经济战略研究,2000(1).

[51] 李强.转型时期城市"住房地位群体"[J].江苏社会科学,2009(4).

[52] 陈映婕,张虎生.对城镇生活的想象与认同——浙北C村的日常消费研究[J].民俗研究,2011(3).

[53] 王会.乡村社会闲暇私人化及其后果——基于多省份农村的田野调查与讨论[J].广东社会科学,2016(6).

[54] 马九杰,赵永华,徐雪高.农户传媒使用与信息获取渠道选择倾向研究[J].国际新闻界,2008(2).

[55] 吴本健,胡历芳,马九杰.社会网络、信息获取与农户自营工商业创办行为关系的实证研究[J].经济经纬,2014,31(5).

[56] 杨柠泽,等.信息获取媒介对农村居民生计选择的影响研究——基于CGSS2013调查数据的实证分析[J].农业技术经济,2018(5).

[57] 王建华,李录堂.信息手段对人力资本和农户经济增长的影响研究——以固定电话和电脑网络数据为例的实证分析[J].华东经济管理,2013,27(3).

[58] 成婧.农民工返乡创业历程的媒介传播研究——以中国农村题材电视剧为例[J].中国广播电视学刊,2016(7).

[59] 张蓓.媒介使用与农村居民公共事务参与的关系研究——基于CGSS2012数据的实证分析[J].江海学刊,2017(3).

[60] 陈鹏,臧雷振.媒介与中国农民政治参与行为的关系研究——基于全国代表性数据的实证分析,公共管理学报,2015,12(3).

[61] 贺雪峰.农民价值观的类型及相互关系——对当前中国农村严重伦理危机的讨论[J].开放时代,2008(3).

[62] 陈良斌.边缘空间视域下的承认政治[J].华中科技大学学报(社会科学版),2014,28(5).

[63] 陈柏峰.代际关系变动与老年人自杀——对湖北京山农村的实证研究[J].社会学研究,2009,24(4).

[64] 贺雪峰.论熟人社会的人情[J].南京师范大学学报(社会科学版),2011(4).

[65] 徐勇.村干部的双重角色:代理人与当家人[J].二十一世纪,1997(8).
[66] (日)田原史起,武萌,张琼琼.中国农村的政治参与[J].国外理论动态,2008(7).
[67] 应星."气"与中国乡村集体行动的再生产[J].开放时代,2007(6).
[68] 吴飞.论"过日子"[J].社会学研究,2007(6).
[69] 陈辉."过日子"与农民的生活逻辑——基于陕西关中Z村的考察[J].民俗研究,2011(4).
[70] 罗兴佐.阶层分化、社会压力与农民上访——基于浙江D镇的调查[J].思想战线,2015,41(4).
[71] 刘金海.农民行为研究:"关系—行为"范式的探讨及发展[J].中国农村观察,2018(5).
[72] 李灵燕.关系导向行为的经济学解释[J].开放导报,2005(6).
[73] 陆汉文,董苾茜.区隔视角下农村"光棍"陷入贫困的过程与逻辑——基于秦巴山区J村的调查研究[J].江汉论坛,2019(4).
[74]余德慧,陈斐卿.人缘:中国人舞台生活的秩序[J].中国社会心理学评估,2010(1).
[75] 翟学伟.中国人际关系的特质——本土概念及其模式[J].社会学研究,1993(4).
[76] 彭泗清.中国人"做人"的概念分析[J].本土心理学研究,1993(2).
[77] 沈毅.人缘取向:中庸之道的人际实践——对中国人社会行为取向模式的再探讨[J].南京大学学报(哲学社会科学版),2005(5).
[78] 边燕杰,张文宏.经济体制、社会网络与职业流动[J].中国社会科学,2001(2).
[79] 郭于华.农村现代化进程中的传统亲缘关系[J].社会学研究,1994(6).
[80] 李培林.流动农民工的社会网络和社会地位[J].社会学研究,1996(4).
[81] 毛丹.村落共同体的当代命运:四个观察维度[J].社会学研究,2010,25(1).
[82] 旷浩源.农业技术扩散中信息资源获取模式研究——基于社会网络视角[J].情报杂志,2014,33(7).
[83] 旷宗仁,左停.乡村科技传播中农民认知行为建构过程分析[J].新闻界,2004(4).
[84] 喻登科,彭静,涂国平,等.农户间知识共享研究述评[J].科技管理研究,2018,38(20).
[85] 刘景东.社会网络与农户借贷行为——来自安徽的实证调查数据[J].江汉

学术,2016,35(6).
[86] 李培林.流动民工的社会网络和社会地位[J].社会学研究,1996(4).
[87] 王毅杰,童星.流动农民社会支持网探析[J].社会学研究,2004(2).
[88] 黄晓勇,刘伟,李忠云,等.基于社会网络的农民工返乡创业研究[J].重庆大学学报(社会科学版),2012,18(6).
[89] 曹子玮.农民工的再建构社会网与网内资源流向[J].社会学研究,2003(3).
[90] 林聚任,刘翠霞.山东农村社会资本状况调查[J].开放时代,2005(4).
[91] 蒋剑勇,钱文荣,郭红东.社会网络、社会技能与农民创业资源获取[J].浙江大学学报(人文社会科学版),2013,43(1).
[92]杨善华,孙飞宇."社会底蕴":田野经验与思考[J].社会,2015,35(1).

三、外文文献

[1] Townsend P. Poverty in the United Kingdom: A Survey of Household Resources and Standards of Living [M]. California: University of California Press,1979.
[2] Burchardt T, Grand J L, Piachaud D. Social Exclusion in Britain 1991-1995[J]. Social Policy and Administration,1999(33).
[3] Galor O, Zeira J. Income Distribution and Macroeconomics[J]. Review of Economic Studies,1993(60).
[4] Banerjee A V, Newman A F. Occupational Choice and the Process of Development[J]. Journal of Political Economy,1993(2).
[5] Lewis O. Five Families: Mexican Case Studies in the Culture of Poverty [M]. New York: Basic Books,1959.
[6] Dimaggio P. Cultural Capital and School Success: The Impact of Status Culture Participation on the Grades of U. S. High School Students[J]. American Sociological Review,1982(2).
[7] Wacquant J D, Wilson W J. The Cost of Racial and Class Exclusion in the Inner City[J]. Annals of the American Academy of Political and Social Science,1989(1).
[8] Charles W. Institutions and Economic Development [J]. American Economic Review,1955(45).
[9] Hoff K, Sen A. The Kin System as a Poverty Trap? [J]. The World Bank Policy Research Working Paper Series,2005(4).

[10] Leisering L, Leibfried S, et al. Time and Poverty in Western Welfare States: United Germany in Perspective[M]. Cambridge: Cambridge University Press, 2001.

[11] Dannefer D. Cumulative Advantage/Disadvantage and the Life Course: Cross-Fertilizing Age and Social Science Theory. Journals of Gerontology Series B: Psychological Sciences and Social Sciences, 2003 (6).

[12] Elder G H, et al. The Emergence and Development of Life Course Theory[M]. New York: Springer, 2003.

[13] Henninger N. Mapping and Geographic Analysis of Human Welfare and Poverty-Review and Assessment [J]. World Resources Institute, Washington D. C., 1998(1).

[14] Sinha S, Lipton M, et al. Damaging Fluctuations, Risk and Poverty: A Review, Background Paper for the World Development Report 2000/2001, Poverty Research Unit[M]. Brighton: University of Sussex, 1999 (10).

[15] Chambers R, Conway G. Sustainable rural livelihoods: Pratical concepts for the 21st century, IDS Discussion Paper, 1992.

[16] Shields R. Social Spatialization and the Built Environment: The West Edmonton Mall[J]. Environment and Planning D: Society and Space, 1989(7).

[17] Schor J B. The overspent American: Upscaling, Downshifting and the New Consumer[M]. New York: Harper Perennial, 1998(4).

[18] Gans H J. Popular Culture and High Culture: An Analysis and Evaluation of Taste[M]. New York: Basic Books, 1977.

[19] Rowntree B S. Poverty: A Study of Town Life [M]. London: Macmillan, 1901.

[20] Haveman R, Wolff E N. The Concept and Measurement of Asset Poverty: Levels, Trends and Composition for the U. S. [J]. 1983-2001. The Journal of Economic Inequality, 2004(2).

[21] Kauppi N. The Politics of Embodiment: Habits, Power, and Pierre Bourdieu's theory[J]. Frankfurt and Main: Peter Land GmbH, 2000.

[22] Bourdieu P. The Logic of Practice[M]. Stanford: Stanford University Press, 1990.

[23] Prost A. Public and Private Spheres in France: A History of Private Life [M]. Cambridge: Harvard University Press,1991.

[24] Pader E J. Spatiality and Social Change: Domestic Space Use in Mexico and the United States[J]. American Ethnologist,1993.

[25] Treiman D J. Industrialization and Social Stratification[J]. Sociological Inquiry,1970,40(2).

[26] Solon G. A Model of Intergenerational Mobility Variation over Time and Place[M]. Cambridge :Cambridge University Press,2004.

[27] Sewell W H, Shah V P. Socioeconomic Status, Intelligence, and the Attainment of Higher Education[J]. Sociology of Education,1967(40).

[28] Giddens A. A Contemporary Critique of Historical Materialism[M]. California: University of California Press,1982.

[29] Homans, George C. Social Behavior as Exchange[J]. American Journal of Sociology,1958(63).

[30] Becker G S, Tomes N. Child Endowments and the Quantity and Quality of Children[J]. Journal of Political Economy,1976(4).

[31] Graaf D, Dirk N, et al. Parental Cultural Capital and Educational Attainment in the Netherlands: A Refinement of the Cultural Capital Perspective[J]. Sociology of Education,2000(2).

四、其他文献

[1] 光明网. 中国农村发展报告(2018)发布[EB/OL]. (2018-7-25) http://difang. gmw. cn/bj/2018-07/25/content_30081600. htm.

[2] 中华人民共和国国家统计局. 中华人民共和国 2017 年国民经济和社会发展统计公报[EB/OL]. (2018-2-28) http://www. stats. gov. cn/tjsj/zxfb/201802/t20180228_1585631. html.

[3] 中华人民共和国国务院新闻办公室. 中国农村扶贫开发的新进展[EB/OL]. (2011-11-16) http://www. china. com. cn/ch-book/2011-11/16/content_23934408. htm.

[4] 国家统计局. 改革开放铸辉煌经济发展谱新篇——1978 年以来我国经济社会的巨大变化[N]. 人民日报,2013-11-6.

[5] 李小云. 贫困人口陷入"结构性贫困陷阱"了吗[N]. 农民日报,2015-5-27(3).

[6] 朱海龙. 场域、动员和行动:网络社会政治参与研究[D]. 上海:上海大

学,2011.
[7] 王德福.做人之道:熟人社会中的自我实现[D].武汉:华中科技大学,2013.
[8] 热孜完·艾力.贫困的再生产:城镇低保制度的救助效果研究——以上海市三林镇为例[D].上海:华东理工大学,2015.
[9] 邢成举.乡村扶贫资源分配中的精英俘获——制度、权力与社会结构的视角[D].北京:中国农业大学,2014.
[10] 宋丽娜.人情的社会基础研究[D].武汉:华中科技大学,2011.
[11] 周彬彬,高鸿宾.对贫困的研究和反贫困实践的总结[A].中国扶贫论文精粹,2001.

后　记

行文至此，奇怪的是，预期的如释重负的心情并未到来，直窜内心的却是近文终情更怯的复杂心绪。我不确定这份酝酿了近一年的答卷是否结出了果实。

在社会学研究的道路上，我启程比其他同学要晚。本科四年攻读广播电视编导专业，硕士方转入社会学。三年硕士研究光阴又被我虚度了许多，以致于进入博士研究阶段的我脚踩棉花，不接地气。

承蒙我的恩师陆汉文老师不离不弃，带我走向田野，更重要的是教我如何身在田野中脚踏实地。说来惭愧，在拜入陆老师门下之前，我并未真正置身于田野。硕士阶段仅有的几次“随大流”的入户问卷调研并不足以开启我认知农村社会、个体的心智，加上没有扎实的理论基础知识功底，我实在做不出像样的研究来。别说研究论文了，就连研究报告都很勉强。

第一次随陆老师调研及撰写研究报告的经历依然历久弥新。值博士一年级下学期，陆老师带我赴山东做城乡统筹扶贫的调查。在实地走访过程中，大部分时间都是陆老师发问，我则只顾机械记录。陆老师特意为我留了提问的机会与时间，而我则几乎全程红着脸扮着“哑巴”，我根本不知该如何向被访谈者发问，问题的关键所在——我捉襟见肘的知识体系与社会经验并不能支撑我问出问题来。可以想见，“走马观花”下的调研报告质量实在堪忧。当我脚踩棉花的研究态度暴露在陆老师面前，我获致了他严厉的批评，一场暴风雨降临，我方才清醒。那篇报告被我反复修改了十余遍，每一遍修改都得到陆老师的耐心指导。在修改的过程中，我不得不一次次打电话、网络查询在调研中被我忽略的一些细节，这才让我真正领悟到实地调研的意义和任务所在。

经历了第一次失败的调研，陆老师并未放弃我，以后的调研依旧常给予我参与其中的机会，并以身示范，边批评刺激着，边鞭策鼓舞着，教会我用社会学的眼光去打量我们所进入的场域。直至我博士二年级再投入实地调研时，我已经能主动发问了。到博士三年级的时候，我便可以独自完成实地调研。由于我社会资源的匮乏，每每调研皆为陆老师亲自为我联系当地对接人员，并且每次都不忘嘱咐我注意安全。

陆老师常常召集我的同门师兄弟（姐妹）讨论报告与论文，不拘泥于开会的地点和形式，大部分时候是在他的办公室，有时也会在学校或附近的餐厅。在他威严的形象下常常流淌出汩汩善意的温暖，如夏天召集开会，陆老师会大汗淋漓地背着一书包冷饮，分给我们。在我看来，这是学生应为老师考虑的事。又如有一次陆老师带师兄与我赴山东调研，预计调研结束后从青岛返程。陆老师有意把返程机票订到了傍晚，由此我与师兄得以有半天时间可以转转这个我从未来过的城市。

温暖是陆老师的内在，外在在我看来则是很威风凛凛的。陆老师严谨求实的学术态度也渗透入日常生活当中。与学生的谈话中亦驰骋着严肃与凌厉的气势，每每与陆老师对话，我总是面红耳赤，心生胆怯。后来我才意识到，或许是我总在追求真知的路上畏畏缩缩，以至于失去了直面有分量的话语的勇气。不过，正是因为陆老师散发出的耀眼的光芒，给予我知弱而图强的能量，也点亮了我的学术之路。

社会学院人文荟萃，我的硕士导师李亚雄老师和蔼慈祥，每每遇到我总热心关切我论文撰写情况，让我倍感温馨。符平老师的课堂细致如涓滴，一言一语中蕴藏了极深厚的学识，他总是收敛着本可以释放的神气，在学生扎堆的图书馆里看到的他，时常是安静地坐在一隅凝神望着笔记本，给后辈一种踏实的力量；还有许多在课堂上为我传道授业的老师，如江立华老师、李雪萍老师、徐晓军老师，以及在调研和论文上给我提出指导意见的老师，如张兆曙老师、郑广怀老师、吕方老师、刘杰老师、李琳老师等，他们在智识上于我的馈赠是我求学期间最美好的礼物。我的师兄李文君、杨永伟在学术路上踏实奋进，硕果累累，是我学术路上的重要引路人。一路走来，感谢我的同窗卢飞、孙晓红、蒋天佑、黄子源、赵巍等，以及我的师弟（妹）梁爱友、朱晓玲、刘应桃、刘平等人的陪伴与爱。

来自于田野的人和事是我论文的灵魂。一开始，我总以局外人的姿态进场，这导致我所看到的景象总蒙上一层误识或偏见。后来我开始尝试撇开自己在城市近三十年的生活习气和心性，走进田野，和田野中的人相处。还记得我第一次独自下乡，在位于湖北保康县的一座大山里。保康县扶贫办廖主任以及马副主任安排我住在易地扶贫搬迁的朱阿姨家里。上山前，我在镇上购买了一些生活用品，包括洗漱盆、矿泉水、电烧水壶等。我见朱阿姨家虽然刚通上自来水，可烧水的方式还是在住宅背后的山林里砍柴然后用柴火烧水，每次烧水都颇费时间及人力。我以为我带去的电烧水壶能为他们的生活提升些许效率，但我发现他们几乎无视它的存在。问及为什么不用更为方便、节省人力又环保的电烧水壶时，朱阿姨回复我：烧柴火是麻烦些，可是省了一笔电费啊！我悄悄算了一笔账，朱阿姨家是贫困户，当地贫困户的政策包括每月一定的免费用电量，超过免费用量一度电收费为 0.5 元。家用电烧水壶的功率为 1500 W，烧一次开水差不多只用 70 W，如果一天烧水五次，那么日耗电花费的金额不超过 1 元钱，而每天在砍柴、烧水上付出的人力、时间如果用来投入农业生产，所带来的收益何止节省的 1 元钱呢？而我知道，生活思路的转变对于一生都没有走出大山的他们来说，并不容易。这个村庄里的人虽然居住分散，却比较团结，由于各家农业发展项目都差不多，经济水平也都不相上下，因而除了名声较差的，其余大多数家庭都有来往，相互交好。

我在毕业论文调研点菏泽曹县 L 村所见的又不同。L 村同样为贫困村，不过由于依托东部沿海地区发展平台以及自身传统手工业优势，村内居民经济分化趋势明显。同一个村落，却像世界的两级，富人开着保时捷住别墅，而贫困者还住在雨天漏水、家庭成员没有私人空间的土坯房里。住宅空间位置的分化、身体与外形的分化、闲暇时间支配的分化使他们没有办法像保康大山里的村庄的居民那样团结，而是在他们之间形成一道隐形的区隔线。我观察到好些贫困家庭，就在这种区隔当中放弃对社会价值的追求，以打发时间、希冀时光过得快一些来抵抗外界的刺激，然后在混日子中麻痹自己，他们构成了我论文研究的对象。

很有幸，每到一处都会遇到一群善良的当地人，他们总是尽力配合我、协助我、保护我，保证我调研的顺利进行。在此感谢菏泽市市委副秘书长蔡维超，菏泽市扶贫办主任刘军，扶贫办赵海涛积极为我推荐与联系调研地，感谢曹县魏湾镇扶贫办刘珺、李昌振、L 村李支书引我入户，以及在具体调研实施中对我提供的帮助，愿善良的人永得美好眷顾。

最后，我想要感谢我的家人。感谢我的父母以及爱人王先生对我的包容和无条件支持。感谢我的儿子想想，他在我的体内悄然生长，而我由于粗枝大叶竟直到怀孕六个月才意识到他的存在。他坚强又隐忍地陪我走过了毕业论文调研、撰写的全过程，陪我走了许多山路，见了许许多多的人，我感恩于他的陪伴，也希望自己今后能更加奋进，以传递给他更多的爱与能量。